달달 읽고 **곰곰** 생각하는

달곰한 문해력 기본서

문해력은 글을 읽고 쓰는 기초 능력이자

글을 이해하고 분석하고 비판하고 문제를 해결하는 고도의 능력입니다.

그래서 기본기 없이는 문해력을 갖기 어렵습니다.

그렇다면 문해력의 기본기를 탄탄하게 하기 위해서는 무엇을 해야 할까요?

바로 글을 이루는 기본 단위부터 글을 정교하게 읽는 방법까지

개념 하나하나를 익히고, 그 개념들을 엮고 활용하는 훈련을 해야 합니다.

달곰한 문해력 기본서를 한 학년 동안 익히면 40개의 개념 퍼즐을 맞추게 되고,

전 학년 익히면 200개의 개념 퍼즐을 완성하게 됩니다.

그러면 우리가 상상하는 것보다 더 근사하고 굉장한 힘인 '문해력'을 갖게 될 것입니다.

문해력, 왜 필요한가요?

한 번 읽었던 지문은 이해도 잘 되고, 문제도 잘 풀어요.
그런데 다른 과목처럼 실력이 쌓이는 것 같지 않아요.
새로운 글을 읽을 때마다 다시 처음부터 시작이에요.

지금, 문해력의 기본을 익혀야 합니다.

용어만 다를 뿐 독해력과 문해력은 같은 것 아닌가요?

국어 공부뿐만 아니라 다른 과목의 학습을 위해서 둘 다 꼭 필요한 능력이지만 분명한 차이가 있습니다.

독해력

- 글을 읽고 이해하는 능력
- 글의 정보를 이해하고 이를 바탕으로 다양한 문제를 풀고 표현하는 능력

문해력

- 글을 읽고 이해하고, 분석하고, 표현하는 능력
- 글의 정보를 이해하고 글 속에 담긴 의도와 맥락을 분석하고 비판하는 능력

시험이 목표라면 독해력을 향상시키는 연습이 더 중요할 것이고,
국어 실력 향상이 목표라면 문해력으로 기본기를 탄탄히 다져야 합니다.

문해력인데 왜 교과서 개념으로 익혀요?

국어 교과서

- 말하고, 듣고, 읽고, 쓰는 활동을 배우는 과목
- 다른 과목의 내용까지 읽고 이해할 수 있도록 문해력 향상의 기본이 되는 과목

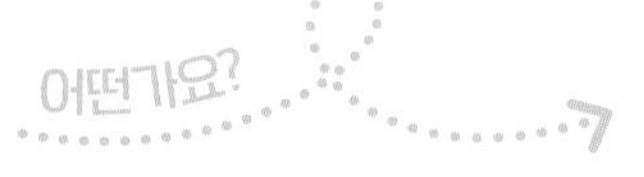

문해력의 기본은 교과서 개념으로 다져야겠지요?

문해력 기본서는 일석삼조(一石三鳥)가 됩니다.

문해력의 기본을 익힌다

각 학년의 교육 과정에 있는 국어 교과서 개념을 다루어서 교과서 개념 학습을 따로 할 필요가 없습니다.

다른 과목의 자료를 읽고 이해하며 학습한 것에 대한 수행 평가를 하는 데에도 큰 도움이 됩니다.

다양한 글을 비판적으로 분석하고 표현하는 능력은 중고등학교 학업 성과를 높이는 단단한 기초가 됩니다.

"달곰한 문해력 기본서와 함께 **문해력 공부를 시작**해 보세요"

문해력은 아이들의 미래를 결정짓는 가장 중요한 능력 중 하나입니다. 현대 사회에서 문해력은 단순히 글자를 읽고 쓰는 수준에 그치지 않고, 다양한 정보를 이해하고 분석하며, 자신의 생각을 논리적으로 표현하는 능력으로 확장되고 있습니다. 문해력은 **우리 아이들이 사회의 주역으로 성장하는 데 반드시 갖추어야 할 필수적인 능력인 것입니다.**

추천사 **방은수 교수님**

언론을 통해 문해력 저하를 우려하는 뉴스와 기사들을 종종 접합니다. 학교 현장에서 아이들을 가르치는 선생님들도 초등학생의 문해력 저하 현상을 실제로 체감하고 있습니다. 뿐만 아니라 다양한 연구 결과에서 문해력 저하와 관련된 지표들이 보고되고 있습니다. 교육 당국에서는 초등학생의 문해력 신장을 위해 다양한 정책을 추진하고 있습니다.

이런 흐름 속에 '달곰한 문해력 기본서' 시리즈가 우리 소중한 아이의 문해력 향상을 목표로 출판되었습니다. 달곰한 문해력 기본서는 **초등 학교 국어 교과서에서 제시하는 기본 개념을 좋은 글과 함께 익힐 수 있도록 구성**되었습니다.

달곰한 문해력 기본서가 우리 아이의 문해력 향상에 큰 도움을 줄 것이라고 생각합니다.

문해력은 아이들이 잠재력을 최대한 발휘하면서 행복한 삶을 살아가는 데 필수적인 능력입니다.
우리 아이들이 스스로 생각하고 판단하며 세상과 소통할 수 있도록,
지금부터 달곰한 문해력 기본서와 함께 문해력 향상을 위한 노력을 시작해 보세요.

100명의 검토 교사 명단

신건철 서울구로초등학교
조민의 서울봉현초등학교
박소연 서울연가초등학교
김광희 인천연안초등학교
김성혁 서울가인초등학교
선주리 송운초등학교
서미솔 서울우이초등학교
김은영 서울신상계초등학교
박원영 서울도림초등학교
최보민 인천해서초등학교
차지혜 서울누원초등학교
이근영 서울대방초등학교
윤우덕 서울가인초등학교
정혜린 서울구룡초등학교
김일두 성복초등학교
이혜경 개정초등학교
이지현 서울석관초등학교
박다빈 서울연은초등학교
김성은 서울역촌초등학교
이지윤 대구새론초등학교

공은혜 서울보라매초등학교
양수영 서울계남초등학교
조원대 글빛초등학교
김나영 대전반석초등학교
이화수 인천용학초등학교
길수정 천안삼거리초등학교
박은솔 샘말초등학교
이상권 인천백석초등학교
정대준 서울가동초등학교
박다솔 신일초등학교
양성남 새봄초등학교
백신형 서울증산초등학교
김나현 인천당산초등학교
조상희 남양주월산초등학교
이동민 구미봉곡초등학교
정광호 아름초등학교
최지연 서울원명초등학교
이정민 부천대명초등학교
김성현 인천용학초등학교
심지현 시흥월곶초등학교

이내준 서울신곡초등학교
전채원 인천봉수초등학교
김 솔 양서초등학교
정선우 대구하빈초등학교
안기수 관호초등학교
이용훈 군서초등학교
최이레 구미원당초등학교
구창성 대구월곡초등학교
김재성 수현초등학교
오인표 인천새말초등학교
이석민 상탄초등학교
이경희 남양주월산초등학교
김동희 청옥초등학교
이서영 신현초등학교
최병호 인천장수초등학교
김연상 하안북초등학교
조예진 부천중앙초등학교
정혜란 서울행현초등학교
서정준 인천부평서초등학교
김효주 현동초등학교

홍현진 삼은초등학교
박병주 김천동부초등학교
김희진 보름초등학교
김성신 수현초등학교
김효주 현동초등학교
강수민 대전변동초등학교
김유나 인천완정초등학교
김석민 인천부평서초등학교
박기병 청원초등학교
이기쁨 천안성성초등학교
정하준 천안성성초등학교
배민지 미사초등학교
허영수 구미신평초등학교
최흥섭 대구한실초등학교
이동훈 서경초등학교
박빛나 목포옥암초등학교
심하루 세종도원초등학교
이연정 서울길동초등학교
윤미정 차산초등학교
이호석 운정초등학교

박장호 신곡초등학교
이상명 검산초등학교
윤지현 서울대치초등학교
조보현 성산초등학교
정진희 다솜초등학교
최흥섭 대구한실초등학교
박한슬 부곡중앙초등학교
이상은 세종도원초등학교
한동희 대구세천초등학교
이영진 신곡초등학교
노희창 문산동초등학교
정민우 참샘초등학교
박혜란 수양초등학교
정금향 한가람초등학교
조소희 참샘초등학교
배장현 구미인덕초등학교
김규연 금란초등학교
김고운 구미신평초등학교
정요원 갈매초등학교
조민정 다산새봄초등학교

구성과 특징

1 개념 사전

그림으로 개념을 한눈에 이해하고, 꼭 알아야 할 교과 개념을 익혀요.

2 개념 확인

짧은 글에서 개념을 찾아보는 연습을 해 보세요.

3 긴글 읽기

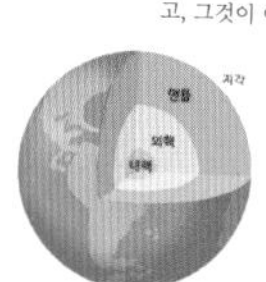

1회독 막연하게 읽지 말고 지문에 따른 읽기 방법을 적용해서 읽어 보세요.

4 구조 읽기

읽은 내용을 구조화하여 정리해 보세요.

2회독 정리가 잘 안 되면 다시 한 번 지문을 꼼꼼하게 읽어요.

5 꼼꼼한 이해

어휘, 글의 정보 등 글의 사실적인 내용을 확인해 보세요.

6 개념의 적용

앞에서 배운 개념이 글에 어떻게 적용되어 있는지 확인해 보세요.

7 생각과 판단

글의 의도, 내용의 옳고 그름 등 추론과 비판 활동을 해 보세요.

8 생각 펼치기

글을 읽고 이해한 자신의 생각을 글로 표현해 보세요.

확인 문제를 풀어 보며 개념을 익혀요.

1 다음 글을 읽고, 답을 찾을 수 있는 질문이 아닌 것에 ×표 하세요.

과학 기술의 발달로 날씨 예보가 점점 더 정확해지고 있다. 기상 관측소에서는 기온, 기압, 습도, 풍속 등을 측정하고, 레이더와 인공위성을 통해 구름의 이동 경로와 강수량 등을 알아 내어 날씨를 예측한다.

(1) 기상 관측소에서 측정하는 것은 무엇일까? ( )
(2) 날씨 예보가 점점 더 정확해지는 까닭은 무엇일까? ( )
(3) 레이더와 인공위성은 어떤 원리로 구름의 이동 경로를 알아 낼까? ( )

2 다음 글을 읽으며 질문한 내용과 그에 대한 알맞은 답을 선으로 이으세요.

전기 자동차는 전통적인 내연 기관 자동차에 비해 환경 오염 물질을 적게 배출하고 소음도 적다. 그 까닭은 화석 연료를 사용하여 엔진을 움직이는 내연 기관 자동차와 달리, 전기 자동차는 전기 배터리와 모터를 사용해 움직이기 때문이다. 최근 기술이 발전함에 따라 배터리의 충전 시간은 줄어들고 그 수명은 늘어나고 있다.

(1) 전기 자동차의 특징은 무엇인가? · · ㉮ 배터리의 충전 시간도 줄어들고, 수명이 늘어나 지금보다 확대될 것이다.
(2) 전기 자동차는 앞으로 어떻게 될까? · · ㉯ 전기 자동차는 전기 배터리와 모터를 사용해 움직인다.
(3) 전기 자동차는 우리 사회에 필요할까? · · ㉰ 환경 오염 물질을 적게 배출하여 자연을 보호하는 데 도움이 될 것이다.

08. 글을 읽으며 질문하기 55

따라서 지진과 화산 활동은 지각판들이 서로 만나는 **지점***에서 많이 발생하게 된다. 특히 태평양판을 중심으로 여러 지각판이 맞물리는 **경계***에 있는 지역은 지진과 화산 활동이 매우 활발하여 '불의 고리'로 불린다. 전 세계에서 발생하는 지진의 90% 이상이 이 지역에서 발생하고, 전 세계 화산의 75% 이상이 이곳에 몰려 있다. 그렇기 때문에 '불의 고리' 지역에 위치한 나라들에서는 지진과 화산 활동으로 큰 피해가 발생하기도 한다. 불의 고리에 속한 대표적인 나라로는 일본, 대만, 필리핀, 인도네시아, 미국, 페루 등이 있다.

▲ 불의 고리 지역(환태평양 조산대)

* 지점(地 땅 지, 點 점찍을 점): 땅 위의 일정한 점
* 경계(境 지경 경, 界 경계 계): 서로 다른 두 지역이나 사물이 구분되는 지점.

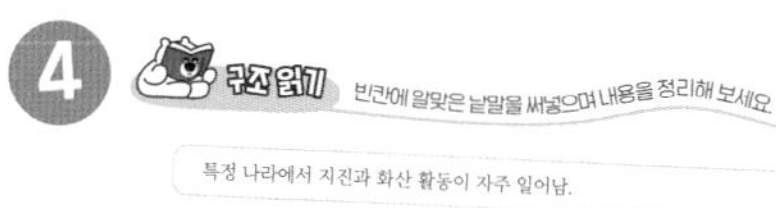

빈칸에 알맞은 낱말을 써넣으며 내용을 정리해 보세요. 정답 및 해설 18쪽

특정 나라에서 지진과 화산 활동이 자주 일어남.

• 지진과 화산 활동을 설명하는 중요한 이론임.
• 지구는 지각, 맨틀, 핵으로 이루어져 있으며

정답 및 해설 19쪽

5 이 글을 읽고 짐작한 내용이 알맞지 않은 친구의 이름을 쓰세요.

지용: 지각판들이 서로 멀어질 땐 괜찮지만, 충돌할 때는 위험하므로 조심해야 해.
하준: 화학 물품 생산 공장이나 원자력 발전소와 같은 건물은 지각판의 경계에 지으면 안 될 것 같아.
새봄: '규모 6.0 이상의 지진'으로 피해가 발생했다고 한 것을 보니 '규모'는 지진의 크기를 나타내는 것 같아.

( )

6 이 글을 읽은 학생이 다음 지도를 보고 추론한 내용으로 알맞은 것을 모두 고르세요. ( )

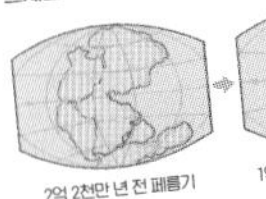
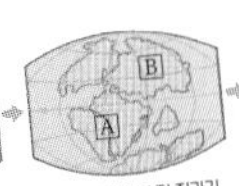

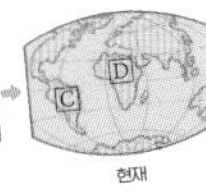

현재

① 지구의 지각 변화가 현재는 멈췄다.
② 과거에 서로 붙어 있던 지각판이 점점 이동해서 현재의 모습이 되었다.
③ A 지역보다 B 지역에서 지진이나 화산 활동이 더 활발했을 것이다.
④ 과거에는 '불의 고리' 지역이 없어서 지진과 화산 활동도 없었을 것이다.
⑤ C 지역과 D 지역에서는 비슷한 생물이 살았던 흔적이 나타날 수도 있다.

글을 읽으며 궁금했던 점, 이해가 잘 안 되었거나 비판할 내용들을 질문으로 만들어 보세요.

7 이 글을 읽으며 떠올린 질문과 그 질문에 대한 답을 써 보세요.
• 질문:
• 답:

08. 글을 읽으며 질문하기 59

달곰한 문해력 기본서의  학습법

1 회독
글의 내용을 파악하며 읽기

+ 글의 특성에 따른 읽기 전략 제공
+ 읽기 전략에 따라 교재의 본문에 메모하며 읽으세요.

2 회독
다시 한 번 꼼꼼하게 읽기

+ 빠르게 읽기는 읽기 방법이 완성된 뒤에 해도 늦지 않아요.
+ 내용 정리가 어려울 때는 다시 한 번 본문 내용을 메모하며 읽어요.

3 회독
자신만의 읽기 방법 만들기

+ **정답 및 해설**의 읽기 예시와 내가 메모한 내용을 비교해 가며 자신만의 읽기 방법을 만들어요.

차례

1주

2주

3주

4주

1
주차 에서 우리는

문해력 개념	긴 글 읽기 지문	공부한 날
시의 분위기를 파악하며 시 감상하기	미더움	월 일
문장에 쓰인 다의어의 뜻을 구분하며 글 읽기	깨진 유리창 이론	월 일
지식과 정보를 사실적으로 이해하며 글 읽기	사춘기의 뇌	월 일
글쓴이의 생각과 가치관, 경험과 깨달음, 독특한 표현을 살펴보며 글 읽기	다육 식물 호야	월 일
주장의 타당성과 근거의 적절성을 따져 보며 글 읽기	잘하는 일과 좋아하는 일 중 무엇을 직업으로 삼아야 할까?	월 일

01 시의 분위기

시의 분위기란 작품에 전체적으로 깔려 있는 느낌을 말해요. 시의 분위기를 파악하면 시에서 전하려는 말, 즉 주제를 이해하기 쉬워요.

✦ 시의 분위기 기쁨, 슬픔, 밝음, 신비함, 따뜻함, 그리움처럼 시에서 풍겨 나오는 느낌

✦ 시의 분위기를 아는 법

- 기쁨, 슬픔, 우울함 등 시의 분위기를 나타내는 말을 찾아봄.
- 시의 내용을 생각하며 시에 나타난 상황이 어떠한지 살펴봄.
- 시에 나오는 인물에게 벌어진 일을 살펴보고 인물의 마음을 파악함.

확인 문제를 풀어 보며 개념을 익혀요.

1~2 시에 대한 설명으로 알맞은 것에 ○표 하세요.

1

지저귀는 새소리는
어미 잃은 새끼의 울음소리

(1) '울음소리'라는 낱말에서 슬픈 분위기가 드러난다. (   )

(2) 새끼를 잃은 어미 새가 울고 있는 상황이 나타난다. (   )

2

엄마의 따뜻한 손길이
내 배를 사르르 문지르면
아픔이 저 멀리 달아나요

(1) '달아나요'라는 낱말에서 다급한 분위기가 드러난다. (   )

(2) 엄마가 따뜻한 손길로 아픈 배를 문질러 주시는 상황이 나타난다. (   )

3~5 시의 내용과 어울리는 분위기를 찾아 선으로 이으세요.

3

태양이 떠올라요
부푼 희망 가득 찬
새 아침이에요

4

전학 간 친구의 빈 책상
친구의 환한 웃음이 떠올라

5

마법 가루를 뿌린 듯
꽃이 보라색으로 변했어요.

① 밝음

② 신비함

③ 그리움

정답 1 (1)○ 2 (2)○ 3 ① 4 ③ 5 ②

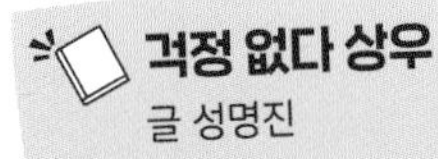

미더움

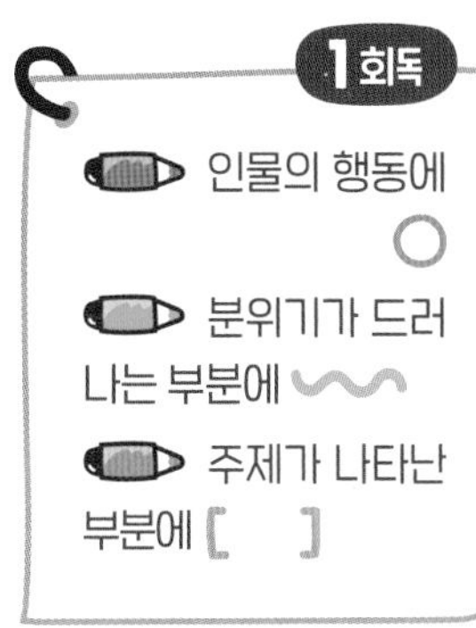

새 하나가
그 집 위를 뱅뱅 돌다 갔어요.
잠시 후에 또 와서
한참을 머물다가 갔어요.

할아버지는 조용히
누렁소의 **잔등**을 쓰다듬고
할머니는 텃밭의 **푸성귀**를 다독였지요.

그러고 보니 그 집에선
짐승들이며 풀 나무도
다 순하게 자라 있었어요.

다음 날 새는 또 왔어요.
그 집의 마음씨가 **미더웠는지**
뒤꼍 깊은 데에
참아 왔던 알을 낳았지요.

- **잔등** 사람이나 동물의 몸에서 가슴과 배의 반대쪽 부분.
- **푸성귀** 사람이 가꾸거나 저절로 자라난 온갖 채소와 나물.
- **미덥다** 믿음이 가는 데가 있다.
- **뒤꼍** 집 뒤에 있는 뜰이나 마당.

구조 읽기

빈칸에 알맞은 낱말을 써넣으며 내용을 정리해 보세요.

정답 및 해설 4쪽

1연	❶ [ㅅ] 한 마리가 그 집 위에서 한참을 머물다가 감.
2~3연	• 할아버지와 할머니가 누렁소와 푸성귀를 보살핌. • 그 집에서는 ❷ [ㅈ][ㅅ] 들과 풀, 나무가 모두 순하게 자람.
4연	다시 날아온 새가 뒤꼍에 ❸ [ㅇ] 을 낳음.

2회독 빈칸을 채우지 못했다면 다시 꼼꼼히 읽어요!

1 새가 그 집에서 한참을 머물다가 간 이유에 ○표 하세요.

(1) 먹이를 구하기 위해서 (　　　　)

(2) 알을 낳을 곳을 찾기 위해서 (　　　　)

(3) 짝짓기를 할 새를 만나기 위해서 (　　　　)

2 다음 날 그 집을 또 찾아온 새의 마음을 알맞게 짐작한 것에 ○표 하세요.

(　　　　)　　　　(　　　　)

3 이 시의 분위기에 어울리는 낭송 방법은 무엇인가요? (　　　　)

① 슬픈 목소리로 느리게 읽는다.

② 당황한 목소리로 급하게 읽는다.

③ 깜짝 놀란 목소리로 빠르게 읽는다.

④ 다정하고 정겨운 목소리로 천천히 읽는다.

⑤ 우울하고 지친 목소리로 점점 작게 읽는다.

4 이 시의 분위기로 알맞지 않은 것의 기호를 쓰세요.

㉠ 새가 하늘 위를 뱅뱅 도는 모습에서 무서운 분위기가 느껴진다.
㉡ 짐승과 식물이 순하게 자라는 모습에서 따뜻한 분위기가 느껴진다.
㉢ 할아버지가 누렁소의 잔등을 쓰다듬는 모습에서 다정함이 느껴진다.

(　　　　)

5 이 시의 분위기를 생각할 때, 4연 뒤에 이어질 내용으로 알맞은 것에 ○표 하세요.

(1)
할아버지는 조용히
새 둥지를 돌보고
할머니는 새에게 불편함이
없는지 살펴요.

( )

(2)
짐승들이 알을 빼앗으려고
새 둥지를 엿보고
새는 둥지를 떠나지 못해
요.

( )

6 이 시와 **보기**를 비교하여 빈칸에 알맞은 내용을 쓰세요.

보기

아침에 선생님의 심부름을 하고 짝꿍 선택권을 받았다. 나는 누구를 선택할지 고민했다. 그러다 오늘 미술 시간에 짝과 함께 그림 그리기를 하겠다고 하신 선생님 말씀이 떠올랐다. 그래서 그림을 잘 그리고 친절하게 남을 도와주는 민지에게 짝꿍 선택권을 썼다.

	시 「미더움」	보기
(1) 미더움을 느낀 대상	할아버지, 할머니	㉮
(2) 대상이 한 일	참아 왔던 알을 낳음.	㉯ 을 씀.

㉮: ( ), ㉯: ( )

신나는 분위기에 어울리는 낱말, 상황 등을 떠올려 보세요.

7 다음 글감에서 마음에 드는 것을 골라 신나는 분위기의 시를 써 보세요.

생일
운동장
급식 시간
크리스마스

02 다의어의 뜻과 쓰임

하나의 낱말이 원래 가진 뜻을 넓혀 여러 가지 뜻을 가진 경우에 그 낱말을 다의어라고 해요. 다의어를 알면 낱말이 문장 안에서 어떤 뜻으로 쓰였는지 이해하여 글의 내용을 정확하게 파악할 수 있어요.

✦ **다의어** 두 가지 이상의 뜻을 가진 낱말

예 '먹다'는 '나이를 먹다.', '마음을 먹다.', '음식을 먹다.'처럼 여러 가지 뜻이 있음.

✦ **글 속에서 다의어의 뜻을 파악하는 방법**

- 주변 낱말과의 관계를 살펴보며, 어떤 뜻으로 사용되었는지 파악함.
- 자신의 배경지식을 활용하여 낱말의 뜻을 미루어 생각함.
- 사전을 참고하여 낱말의 정확한 의미를 확인함.

확인 문제를 풀어 보며 개념을 익혀요.

1~2 다음 밑줄 친 낱말의 뜻을 이해하는 과정으로 알맞은 것에 ○표 하세요.

1

아이는 겁에 질린 얼굴로 주위를 둘러보았다.

(1) 앞의 '겁'이라는 낱말과의 관계를 생각할 때 '마음의 상태가 나타난 표정'의 뜻이다. ( )

(2) 뒤의 '둘러보다'와 관련하여 '눈, 코, 입이 있는 머리의 앞쪽 부분'을 뜻한다. ( )

2

시력 검사를 할 땐 한쪽 눈을 가리고 숫자를 읽어야 한다.

(1) 숫자를 읽었던 경험을 바탕으로 '사물을 보고 판단하는 힘'이라는 뜻임을 알 수 있었다. ( )

(2) 시력 검사를 하던 경험을 떠올리며 '물체를 볼 수 있는 신체 기관'이라는 뜻임을 알 수 있었다. ( )

3~4 다음 밑줄 친 낱말이 문장에서 쓰인 뜻으로 알맞은 것에 ○표 하세요.

3

형은 운동을 잘하는 데다 머리까지 뛰어나다.

(1) 머리에 난 털. ( )

(2) 생각하고 판단하는 능력. ( )

(3) 사람이나 동물의 목 위의 부분. ( )

4

건우는 잘 웃어서 볼수록 정이 간다.

(1) 관심이나 눈길 따위가 쏠리다. ( )

(2) 한곳에서 다른 곳으로 장소를 이동하다. ( )

(3) 말이나 소식 따위가 알려지거나 전하여지다. ( )

정답 1 (1) ○ 2 (2) ○ 3 (2) ○ 4 (1) ○

1 깨진 유리창 이론

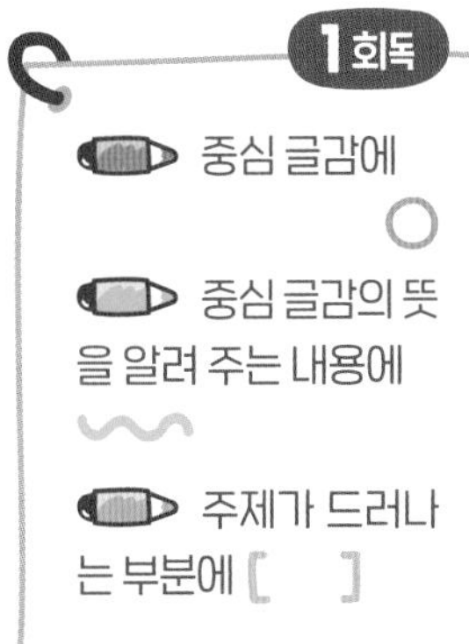

'깨진 유리창 이론'이라는 말을 들어 본 적이 있나요? 미국의 범죄학자인 윌슨과 켈링이 소개한 이 이론은 **사소한**° 잘못을 놓아두면 그곳을 중심으로 범죄가 **확산된다는**° 이론입니다.

1969년에 미국 스탠포드대학교 심리학 교수였던 필립 짐바르도가 두 대의 차량으로 재미있는 실험을 했습니다. 골목길에 **보닛**°을 열어 둔 차량 두 대를 세워 놓고 한 대만 일부러 유리창을 깼습니다. 그 후 두 차량을 일주일간 방치했더니 보닛만 열어 둔 차량은 멀쩡했습니다. 그런데 창문이 깨져 있던 차량은 타이어와 각종 부속품이 없어지고, 낙서와 쓰레기로 뒤덮인 채 심하게 **훼손되어**° 있었습니다. 누군가 유리창이 깨진 채 놓아둔 차를 주인 없는 차라 생각해 차의 부품 하나를 훔치고, 부품이 없어진 차를 본 다른 사람이 더 많은 부품을 훔치고, 후에 버려진 차가 틀림없다고 생각한 사람들이 차를 더욱더 훼손한 것이지요. 이 실험을 지켜본 윌슨과 켈링은 이후 '깨진 유리창 이론'이라는 이름으로 이 내용을 발표했습니다.

우리나라에서도 이와 비슷한 실험을 한 적이 있습니다. 사람이 많이 다니는 큰 길가에 빈 음료수 컵을 놓아두었습니다. 그곳은 원래 깨끗한 ㉠길이었는데, 얼마 후 음료수 컵을 놓아두었던 주위가 쓰레기로 가득 찼습니다. 주위가 깨끗할 때는 아무도 쓰레기를 버리지 않았는데 누군가 빈 음료수 컵을 쓰레기라고 생각해 그 옆에 쓰레기를 버리자, 그다음부터 너도나도 그 주변에 쓰레기를 버린 것입니다. 이 실험에서도 깨진 유리창 이론을 확인할 수 있었습니다.

범죄를 줄이기 위해 깨진 유리창 이론을 적용한 사례도 있습니다. 1994년 뉴욕은 흉악 범죄가 끊이지 않는 도시였습니다. 특히 지하철에는 낙서가 가득했고 질서를 지키는 사람을 찾아보기 힘들었습니다. 이 문제로 고

- **사소(些 적을 사, 少 적을 소)하다** 보잘것없이 작거나 적다.
- **확산(擴 넓힐 확, 散 흩을 산)되다** 흩어져 널리 퍼지게 되다.
- **보닛**(bonnet) 자동차의 엔진이 있는 앞부분의 덮개.
- **훼손(毁 헐 훼, 損 덜 손)되다** 헐거나 깨뜨려 못 쓰게 되다.

민하던 뉴욕 시장은 낙서로 얼룩진 뉴욕의 지하철 때문에 범죄가 확산된다고 생각했습니다. 그래서 지하철 안의 낙서를 지워 범죄를 **근절하기로**• ㉮ 마음을 먹었습니다. 지하철 안의 모든 낙서를 지우는 데 수년이 걸렸지만 이 과정에서 범죄율이 줄어들었습니다. 깨끗한 지하철역에서 사람들이 함부로 행동하지 못하고 규칙을 지킨 까닭입니다. 낙서 지우기를 시작한 지 3년 만에 범죄가 80%까지 감소하였습니다.

앞서 살핀 실험처럼 사소한 잘못을 바로잡지 않으면 큰 문제가 일어날 수 있습니다. 깨진 유리창 이론은 환경을 깨끗하게 관리하는 것이 범죄를 예방하는 ㉡ 길이 된다는 사실을 가르쳐 주고 있습니다.

• **근절**(根 뿌리 근, 絶 끊을 절)**하다** 다시 살아날 수 없도록 아주 뿌리째 없애 버리다.

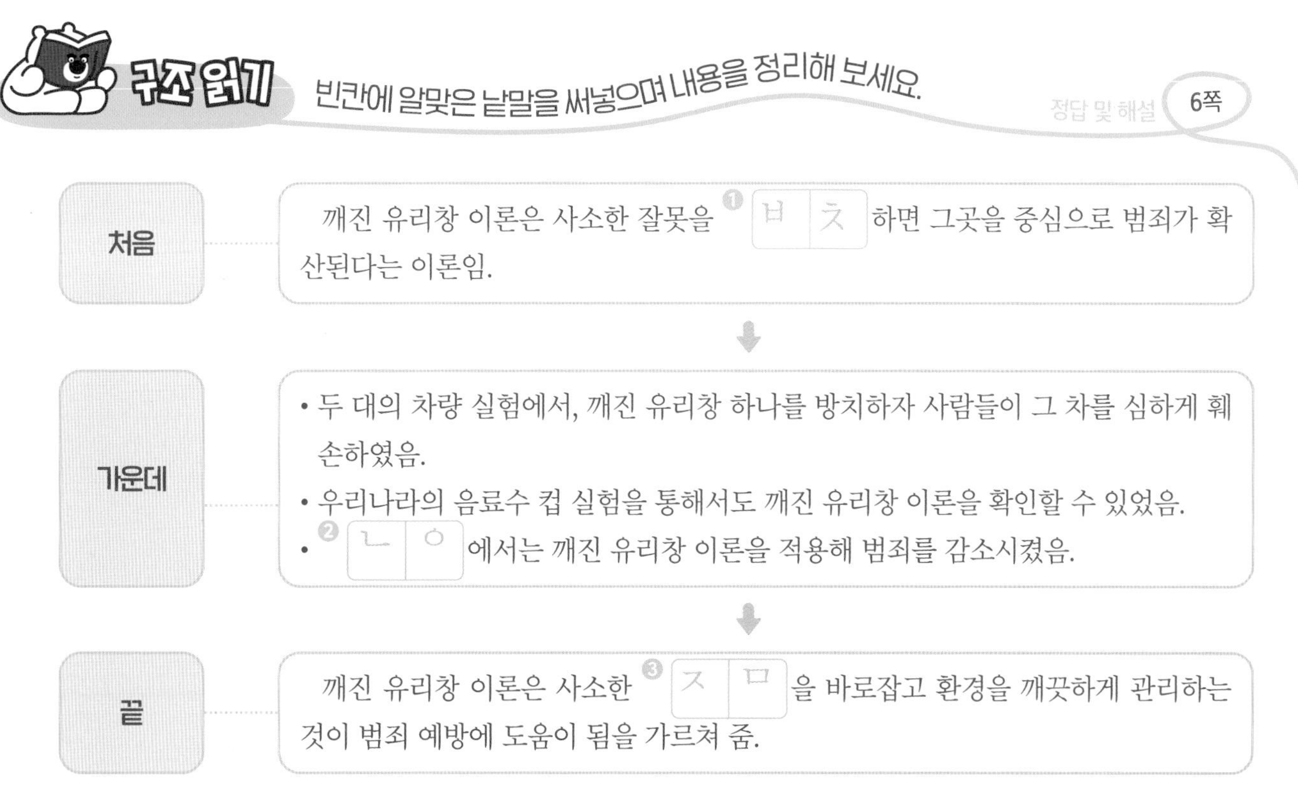

처음

깨진 유리창 이론은 사소한 잘못을 ❶ [ㅂ][ㅊ] 하면 그곳을 중심으로 범죄가 확산된다는 이론임.

↓

가운데

- 두 대의 차량 실험에서, 깨진 유리창 하나를 방치하자 사람들이 그 차를 심하게 훼손하였음.
- 우리나라의 음료수 컵 실험을 통해서도 깨진 유리창 이론을 확인할 수 있었음.
- ❷ [ㄴ][ㅇ] 에서는 깨진 유리창 이론을 적용해 범죄를 감소시켰음.

↓

끝

깨진 유리창 이론은 사소한 ❸ [ㅈ][ㅁ] 을 바로잡고 환경을 깨끗하게 관리하는 것이 범죄 예방에 도움이 됨을 가르쳐 줌.

2회독 빈칸을 채우지 못했다면 다시 꼼꼼히 읽어요!

1 '깨진 유리창 이론'에 대한 설명으로 알맞지 않은 것은 무엇인가요? (   )

① 필립 짐바르도가 발표한 이론이다.
② 뉴욕의 범죄를 줄이는 데 도움이 된 이론이다.
③ 윌슨과 켈링이 두 대의 차량 실험을 보고 이름을 붙인 이론이다.
④ 사소한 잘못을 방치하면 그곳을 중심으로 범죄가 확산된다는 이론이다.
⑤ 환경을 깨끗하게 관리하면 범죄를 예방할 수 있음을 가르쳐 주는 이론이다.

2 보닛을 열어 둔 두 대의 차량 중 창문이 깨진 차량만 훼손된 까닭으로 알맞은 것에 ○표 하세요.

(1) 주인이 없거나 버려진 차라고 생각해서 (   )
(2) 일주일간 움직임이 없이 차가 그대로 있어서 (   )
(3) 보닛이 열린 걸 보고 고장 난 차라고 생각해서 (   )

개념의 적용

3 ㉠ '길'과 ㉡ '길'이 각각 문장에서 어떤 뜻으로 쓰였는지 선으로 이으세요.

(1) ㉠ '길' •   • ① 어떤 목적을 향해 나아가는 방법.
(2) ㉡ '길' •   • ② 사람이나 차 등이 지나다닐 수 있도록 일정한 너비로 길게 이어진 곳.

4 ㉮의 '먹다'와 같은 뜻으로 쓰인 것을 찾아 번호를 쓰세요.

① 밥을 배불리 먹고 나자 졸음이 쏟아졌다.
② 발야구 대회에서 우리 반이 일등을 먹었다.
③ 형은 한번 먹은 마음을 절대로 바꾸지 않는다.

(   )

5 음료수 컵 실험에서 쓰레기를 버린 사람들의 속마음으로 알맞지 않은 것에 ○표 하세요.

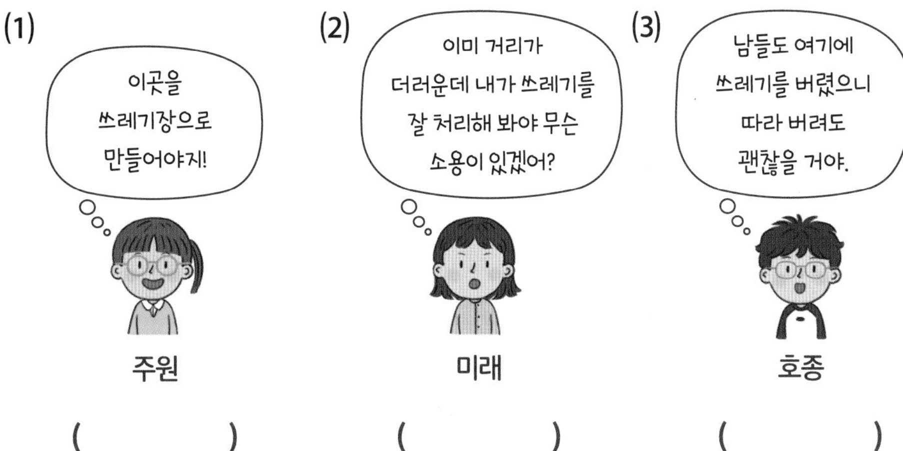

( ) ( ) ( )

6 뉴욕의 지하철 사례처럼 '깨진 유리창 이론'을 적용한 것에 ○표 하세요.

(1) 무단 횡단이 많은 도로에 횡단보도와 신호등을 설치했다. ( )

(2) 쓰레기가 가득한 빈터에 예쁜 꽃을 심고 정성껏 가꾸었다. ( )

(3) 공공 화장실에 비상벨을 설치해 범죄 발생 시 즉시 경찰이 출동하게 했다. ( )

다의어는 하나의 낱말로 다양한 의미를 전달하여 표현의 폭을 넓혀 주어요.

7 다음 조건에 맞게 자신의 생각을 써 보세요.

조건
- '깨진 유리창 이론'을 적용해 깨끗한 교실을 만드는 방법을 써 보세요.
- 다의어 '깨끗하다'를 활용하세요.

깨끗하다.
(1) 때나 찌꺼기 등이 없다.
(2) 마음이나 표정 따위에 구김살이 없다.

깨끗한 교실을 만들기 위해 ______________________

03 설명하는 글의 목적

설명하는 글은 정보를 있는 그대로 알려 주는 글로, 글의 내용은 글쓴이의 주장이나 생각이 아닌 사실에 바탕을 두고 있어요. 이러한 글을 읽을 때는 먼저 설명하는 대상이 무엇인지 파악한 후, 대상의 무엇을 자세히 설명하는지 살펴봐요.

+ **설명하는 글의 목적** 지식이나 정보를 사실대로 전달하기 위함.

+ **설명하는 글의 특징**
  - 읽는 사람에게 정보가 잘 전달되어야 하므로 이해하기 쉬운 낱말과 문장을 사용함.
  - 설명하는 대상을 쉽게 이해할 수 있는 구체적인 사례 중심으로 글의 내용이 전개됨.
  - 지식이나 정보를 전달하는 글이므로 도표나 사진 등의 시각 자료를 이용하여 내용을 전달하기도 함.

확인 문제를 풀어 보며 개념을 익혀요.

1 다음 글을 바르게 이해한 것에 ○표, 그렇지 않은 것에 ×표 하세요.

> 같은 뜻을 나타내는 여러 가지 말들이 모두 표준어로 인정되는 경우가 있다. '자장면'과 '짜장면'이 그 예이다.

(1) 사진 자료를 이용하여 내용을 전달하고 있다. (　　　　)

(2) 설명하는 대상이 무엇인지 알기 쉽게 전달하고 있다. (　　　　)

(3) 설명하는 대상의 사례를 제시하여 이해를 돕고 있다. (　　　　)

2~3 지식이나 정보를 사실대로 전달하기 위해 쓴 글에 ○표 하세요.

2

(1) 씨앗이 싹 터서 처음 나오는 잎을 떡잎이라고 합니다. 떡잎에는 많은 양분이 저장되어 있습니다. (　　　　)

(2) 층간 소음으로 인해 이웃과 갈등이 생기는 경우가 많습니다. 층간 소음을 줄이기 위해 노력합시다. (　　　　)

3

(1) 산책할 때 쓰레기를 버릴 곳이 없습니다. 공원 산책로에 쓰레기통을 많이 설치해 주세요. (　　　　)

(2) 조깅을 하면서 쓰레기를 줍는 행동을 플로깅이라고 한다. 플로깅은 스웨덴에서 시작되어 북유럽으로 퍼졌다. (　　　　)

정답 1 (1) × (2) ○ (3) ○　2 (1) ○　3 (2) ○

사춘기의 뇌

1회독

설명하는 대상에 ○

사춘기에 영향을 미치는 뇌의 기능에 〰

중심 생각에 [ ]

우리 주변에는 사춘기를 겪고 있는 형이나 누나, 언니나 오빠가 많이 있습니다. 사춘기가 되면 평소 친절하던 사람이 짜증을 내거나, 부모님과 대화하지 않고 방에서 혼자만의 시간을 보내기도 합니다. 어른들은 이런 모습을 보며 "사춘기가 왔나 보다."라고 말합니다. 사춘기가 무엇이기에 사람을 이렇게 변하게 만드는 걸까요?

사춘기는 어린이에서 성인이 되어 가는 과정으로 신체가 급격하게 성장하고 **이차 성징**°이 나타나는 시기입니다. 사람마다 조금씩 차이가 있지만 보통 11~13세 사이에 시작됩니다. 감정의 변화가 심해지고, 아침잠이 많아지거나 외모에 신경을 쓰는 등 이전엔 보이지 않던 모습을 보이기도 합니다. 사춘기에 이런 변화가 생기는 이유는 뇌 발달과 관련이 깊습니다.

우리 뇌는 **대뇌 피질**°, 변연계, 뇌간의 3층 구조로 되어 있습니다. 가장 바깥쪽에 있는 대뇌 피질은 감각, 운동, 사고 등을 담당하며, 기능에 따라 전두엽, 두정엽, 측두엽, 후두엽으로 영역이 나뉩니다. 대뇌 피질의 안쪽에 있는 변연계는 기억과 감정, 후각 등을 담당합니다. 사춘기에는 변연계가 빠르게 발달하며 거의 완성됩니다. 하지만 이성적이고 논리적인 사고를 담당하는 대뇌 피질의 전두엽은 느리게 발달합니다. 이 발달 속도의 차이 때문에 사춘기에는 [㉠]. 그래서 감정을 조절하는 것이 어렵고, 이성적으로 판단하기보다는 감정이 앞서는 행동을 많이 하게 되는 것입니다.

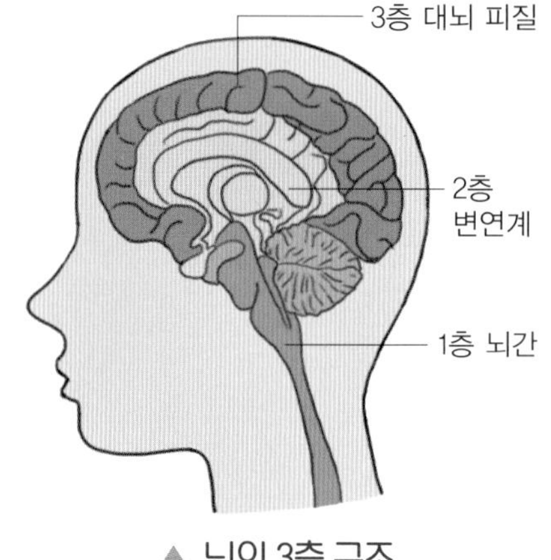

▲ 뇌의 3층 구조

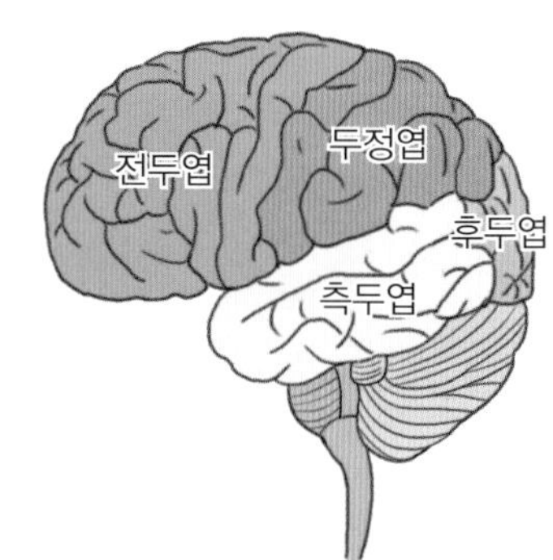

▲ 대뇌 피질의 영역

사춘기의 뇌는 대뇌 피질의 영역 중 후두엽이 특히 발달합니다. 후두엽

- **이차 성징**(二 두 이, 次 버금 차, 性 성품 성, 徵 부를 징) 남녀의 특유한 신체적, 기능적, 정신적 특징.
- **대뇌 피질**(大 클 대, 腦 골 뇌, 皮 가죽 피, 質 바탕 질) 대뇌의 겉부분을 덮고 있는 얇은 층으로 신경 세포체가 모여 있음.

은 눈으로 들어온 시각 정보를 받아들여 분석하는 역할을 합니다. 외모에 관심이 많아지고 예쁘고 잘생긴 연예인에 **열광하는**° 것이 바로 이 후두엽의 발달 때문입니다.

뇌에서 분비되는 **호르몬**°도 사춘기의 변화에 영향을 줍니다. 뇌에서 분비되는 호르몬인 멜라토닌은 수면을 **유도하는**° 호르몬입니다. 사춘기가 되면 멜라토닌이 분비되는 시간이 점점 늦어집니다. 그래서 다른 사람들이 졸음을 느끼는 시간보다 사춘기 청소년들은 한두 시간 늦게 졸음을 느끼게 됩니다.

사춘기의 다양한 변화는 뇌의 발달 과정에서 나타나는 현상입니다. 뇌의 구조와 기능이 성숙해지는 과정에서 자연스럽게 나타나는 결과이지요. 이런 변화들은 사춘기가 지나가면서 점차 줄어듭니다. 사춘기에 변화하는 모습과 이유를 알면 사춘기인 청소년과 주변 어른들이 소통하는 데 도움이 될 것입니다.

- **열광**(熱 더울 열, 狂 미칠 광)**하다** 너무 기쁘거나 흥분하여 미친 듯이 날뛰다.
- **호르몬**(hormone) 몸속의 특수한 기관에서 만들어져서 나와 어떤 조직이나 기관의 활동을 조절하는 물질.
- **유도**(誘 꾈 유, 導 인도할 도)**하다** 어떤 방향으로 나아가도록 이끌다.

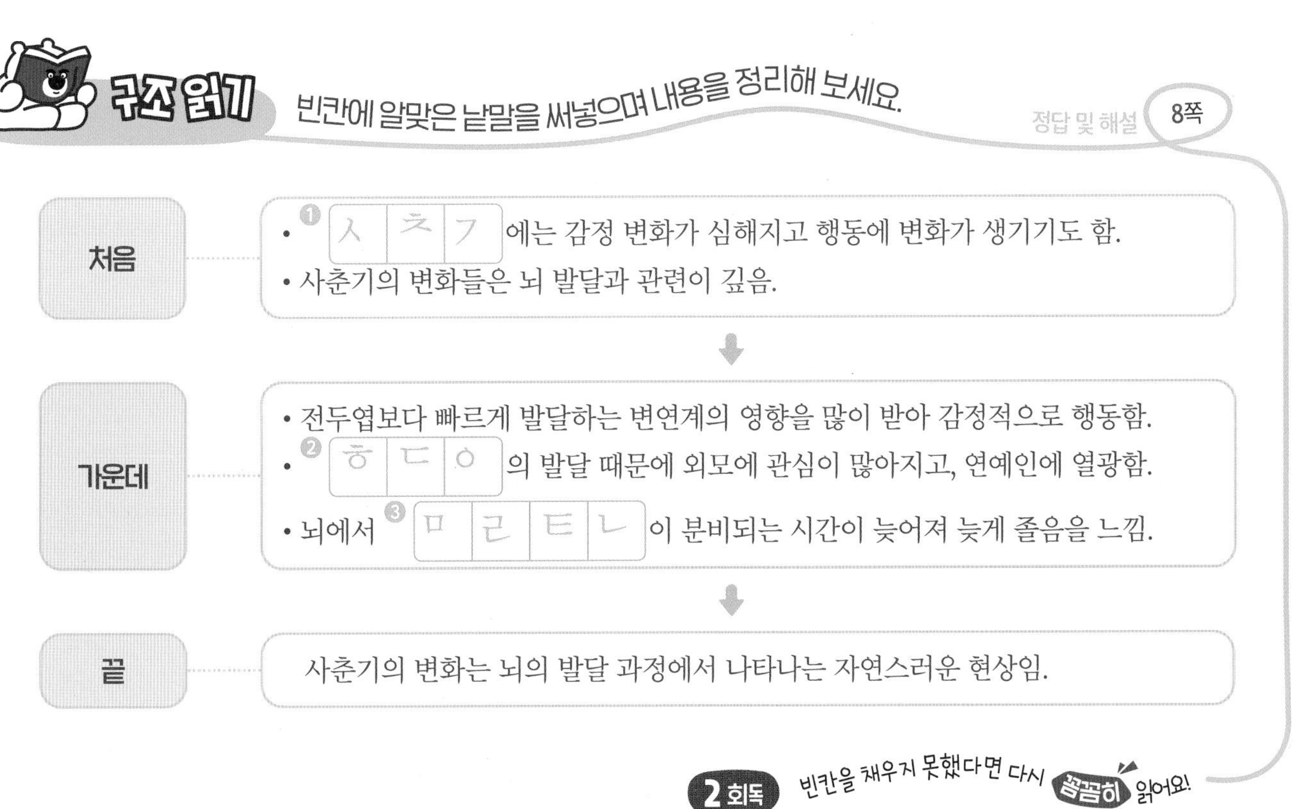

1 이 글은 어떤 물음에 대한 답인지 빈칸에 알맞은 말을 쓰세요.

| | | |에 감정이나 행동에 변화가 생기는 이유는 무엇인가요?

2 뇌에 대한 설명으로 알맞지 않은 것은 무엇인가요? (   )

① 변연계는 기억과 감정, 후각 등을 담당한다.
② 전두엽은 이성적이고 논리적인 사고를 담당한다.
③ 뇌는 대뇌 피질, 변연계, 뇌간의 3층 구조로 되어 있다.
④ 후두엽은 코로 들어온 후각 정보를 받아들여 분석한다.
⑤ 대뇌 피질은 전두엽, 두정엽, 측두엽, 후두엽으로 나뉜다.

3 이 글의 목적을 바르게 말한 친구의 이름을 쓰세요.

민서: 사춘기에 나타나는 신체적 변화들을 성별에 따라 자세히 설명하기 위한 글이야.
기동: 사춘기에 나타나는 신체적 변화와 정신적 변화를 극복하기 위해 어떤 노력을 해야 하는지 알려 주기 위한 글이야.
이나: 사춘기에 나타나는 행동과 감정의 변화는 뇌 발달에서 오는 자연스러운 현상이라는 것을 알려 주기 위한 글이야.

(   )

4 이 글을 읽은 방법으로 알맞지 않은 것은 무엇인가요? (   )

① 우리 뇌의 구조와 기능을 파악하며 읽었어.
② 사춘기의 변화와 뇌의 발달 과정이 어떻게 연결되는지 정리하며 읽었어.
③ 사춘기 청소년에 대한 글쓴이의 솔직한 심정이 드러나는 부분에 밑줄을 치며 읽었어.
④ 시각 자료에서 대뇌 피질의 영역 중 시각 정보를 분석하는 곳이 어디인지 찾아보았어.
⑤ 우리 뇌의 구조에 관한 시각 자료와 이를 설명하는 내용을 연결하여 글의 내용을 파악했어.

5 ㉠에 들어갈 내용으로 알맞은 것에 ○표 하세요.

(1) 논리적인 사고가 크게 발달합니다. (　　　)

(2) 전두엽보다 변연계의 영향을 많이 받습니다. (　　　)

(3) 또래 관계를 중요하게 생각하며 이성에 관심을 갖습니다. (　　　)

6 이 글과 **보기**를 읽고, '사춘기 자녀를 둔 부모님'에게 해 줄 말로 알맞은 것의 번호를 쓰세요.

보기

사춘기 자녀의 달라진 모습을 자연스럽게 받아들여야 한다. 순했던 아이가 공격적인 말과 행동을 할 때 예의가 없다며 무섭게 혼내거나 다그치면 아이가 더 큰 정서적 문제를 겪을 수 있다.

① 뇌가 골고루 발달할 수 있도록 아이들에게 책 읽기를 강조해야 해.
② 사춘기에 일어나는 뇌의 발달 불균형을 해결하기 위해 하루빨리 의사 선생님과 상담할 필요가 있어.
③ 사춘기에 나타나는 여러 태도는 뇌의 발달 과정에서 오는 자연스러운 현상이라는 것을 알고, 이해해 주는 노력이 필요해.

(　　　　　)

나라면 사춘기를 어떻게 보낼 것인지 생각해 보세요.

7 이 글의 내용과 관련지어, 곧 사춘기를 겪게 될 나에게 해 주고 싶은 말을 써 보세요.

04 성찰하는 글의 특징

성찰은 자기의 마음을 반성하고 살핀다는 뜻이에요. 성찰하는 글은 글쓴이가 경험한 일과 그에 대한 생각과 감정을 솔직하게 쓴 글이에요. 성찰하는 글은 글쓴이의 생각과 가치관, 경험과 깨달음, 독특한 표현 등을 살피며 읽어요.

성찰하는 글을 읽는 방법

- 글쓴이가 어떤 일을 겪는지, 어떻게 행동하는지 등을 파악함.
- 글쓴이의 깨달음을 정리하여 자신의 삶과 비교함.
- 글쓴이의 경험과 깨달음을 통해 자신의 삶을 되돌아봄.

확인 문제를 풀어 보며 개념을 익혀요.

1~2 글쓴이의 경험과 성찰로 알맞은 것에 ○표 하세요.

1

수학 시험 시간에 지우개가 없어서 선생님께 지우개를 빌릴 때 가슴이 콩닥콩닥 뛰었다. 미리 준비하지 않은 것이 후회스러웠다.

(1) 글쓴이가 경험한 일은 수학 시험 시간에 (시험을 망친, 선생님께 지우개를 빌린) 일이다.

(2) 글쓴이는 자신의 경험에 대해 (후회, 그리워)하고 있다.

2

우리 반과 옆 반이 피구 경기를 하였다. 나는 옆 반에 점수를 줄 때마다 실수를 하지 말자고 반 친구들을 다그쳤다. 경기는 우리가 이겼지만 친구들의 표정은 그리 밝지 않았다. 경기를 이기는 것도 중요하지만 함께 즐겁게 하는 것이 더 중요하다는 사실을 깨달았다.

(1) 우리 반과 옆 반이 (피구, 농구) 경기를 한 경험이 나타나 있다.

(2) '나'는 옆 반에 점수를 줄 때마다 반 친구들을 (격려했다, 다그쳤다).

(3) '나'는 경기를 (이기는, 즐겁게 하는) 것이 더 중요하다는 사실을 깨달았다.

3~4 글쓴이의 경험이 드러나면 '경', 깨달음이 드러나면 '깨'라고 쓰세요.

3

공연이 끝나자 사람들이 우르르 자리에서 일어났다. 사람들이 떠나고 난 자리에는 쓰레기가 가득했다. (   )

4

가로등 불빛을 향해 달려드는 하루살이 떼처럼 나는 눈앞에 있는 일만 생각하며 생활하고 있는 것은 아닌지 되돌아보았다. (   )

정답 1 (1) 선생님께 지우개를 빌린 (2) 후회 2 (1) 피구 (2) 다그쳤다 (3) 즐겁게 하는 3 경 4 깨

다육 식물 호야

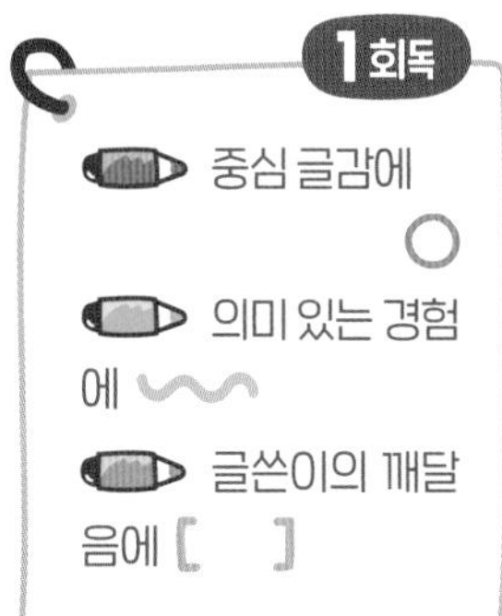

우리 집 베란다에는 화분이 옹기종기 모여 있다. 바질은 냄새가 향긋하고, 제라늄은 꽃이 자주 핀다. 진한 향기를 내뿜는 바질도 좋고, 꽃이 자주 피는 제라늄도 좋지만, 내가 제일 좋아하는 식물은 따로 있다.

㉠내가 초등학교에 입학할 즈음에, 할머니께서 키우시던 다육 식물의 줄기를 뜯어 주시며 심어 보라고 하셨다. 할머니께서는,

"다육 식물은 잎에 물을 저장하고 있으니 물을 많이 안 줘도 돼. 햇빛만 많이 보여 주렴. 공기를 깨끗하게 하는 식물이니 잘 키워 봐."

라고 말씀하셨다.

나는 '잎 하나 달랑 붙은 줄기가 잘 자랄 수 있을까?'라는 생각이 들었지만 흙만 있던 화분에 꽂아 놓고 할머니 말씀대로 가끔 물을 주었다. 그런데 언제부터인가 잎 하나가 여러 장이 되면서 자리를 잡기 시작하였다. 놀랍게도 뿌리가 생기고 줄기와 잎이 많아지면서 통통하고 **옹골차게**• 자라났다. 줄기에 달린 잎 하나가 **버젓한**• 식물이 되다니……. ㉡식물의 생명력은 대단했다.

나는 이 다육 식물에 대해 좀 더 알고 싶어졌다. 할머니께서 이 다육 식물을 주실 때 '호야'라고 하신 게 기억나 백과사전에서 호야를 찾아보았다. 호야는 **원산지**•가 일본, 중국, 오스트레일리아이며 봄과 여름에 꽃이 핀다고 했다. 그런데 내가 키우는 호야는 꽃이 피지 않았다. 언제 꽃이 피나 궁금해하면서 여러 해를 보냈고 나는 4학년이 되었다. 호야는 그동안 잎이 엄청 많아지고 화분 밑으로 근사하게 늘어져 자랐다.

그런데 지난주부터 호야에게 처음 보는 일이 생겼다. 방울처럼 생긴 봉우리가 한꺼번에 모여서 줄기에 달렸다. 어느새 방울이 분홍색 별 모양으로 바뀌었다. 1주일 정도 지나자 분홍색 별 모양 봉우리가 안쪽에서부터 갈라졌다. 드디어 오늘, 정말 신비롭고 놀라운 일이 일어났다. ㉢호야에 꽃이 핀 것이다! 꽃은 정말 예뻤다. 꽃의 크기는 엄지손톱만 하게 작았지만 꽃잎이 두껍고 튼튼했다. 꽃 안쪽에 별 모양이 하나 더 있었다. 꽃의 색은 분홍색인데 별 모양 안쪽은 짙은 자주색이었다. 꽃에는 작은 털이

- **옹골차다** 매우 실속이 있게 속이 꽉 차 있다.
- **버젓하다** 남에게 뒤지지 않을 정도로 번듯하다.
- **원산지**(原 근원 원, 産 낳을 산, 地 땅 지) 동물이나 식물이 맨 처음 자라난 곳.

있고, 가운데 부분은 반짝반짝 **윤기**•가 흘렀다. ㉣꽃의 탄생 과정이 너무 신기했다.

내가 초등학교에 입학할 때부터 지금까지 나와 가족처럼 같이 자란 호야가 참 좋다. 내가 학교에 적응을 잘한 것처럼 호야도 우리 집 환경에 적응을 잘해서 좋다. 호야가 포기하지 않고 꽃을 피우는 모습을 보며, 지금까지 하다가 잘 안되면 쉽게 포기했던 내 모습을 반성하게 되었다. 이제부터는 나도 내 꿈을 이루기 위해 꾸준히 노력해서 ㉤언젠가 호야처럼 나만의 꽃을 피우고 싶다.

• **윤기**(潤 윤택할 윤, 氣 기운 기) 반들거리는 모양이나 빛깔.

빈칸에 알맞은 낱말을 써넣으며 내용을 정리해 보세요.

정답 및 해설 10쪽

베란다에 있는 다양한 식물 중에 내가 제일 좋아하는 ❶ [ㅅ][ㅁ]이 있음.

↓

식물을 키우게 된 이유	초등학교 1학년 때 할머니께서 ❷ [ㄷ][ㅇ] 식물의 줄기를 뜯어 주시며 심어 보라고 하심.
식물이 자라는 과정	뿌리가 생기고 줄기와 잎이 많아지면서 통통하고 옹골차게 자라남.
식물의 특징	종류는 호야이며, 원산지는 일본, 중국, 오스트레일리아이고, 봄과 여름에 꽃이 핌.
식물의 꽃의 모습	• 크기는 엄지손톱만 하며 꽃이 두껍고 튼튼함. • 꽃의 색은 분홍색이며 안쪽은 짙은 자주색임.

↓

나도 ❸ [ㄲ]을 포기하지 않고 노력하여, 언젠가는 호야처럼 나만의 꽃을 피우고 싶음.

2회독 빈칸을 채우지 못했다면 다시 꼼꼼히 읽어요!

1 '내'가 경험한 일의 순서대로 기호를 쓰세요.

㉮ 호야 줄기를 화분에 꽂아 놓고 가끔 물을 주었다.
㉯ '내'가 키우는 호야에 분홍색 별 모양의 꽃이 피었다.
㉰ 할머니에게 잎이 하나 달린 다육 식물의 줄기를 받았다.
㉱ 호야의 원산지와 호야가 꽃이 핀다는 사실을 알게 되었다.

( ) ➡ ( ) ➡ ( ) ➡ ( )

2 '내'가 호야를 좋아하는 까닭을 두 가지 고르세요. ( )

① 향긋한 냄새가 나는 식물이라서
② 요리할 때 재료로 사용할 수 있어서
③ 사계절 내내 꽃이 자주 피는 식물이라서
④ 내가 초등학교에 입학할 때부터 지금까지 '나'와 가족처럼 같이 자라서
⑤ 내가 학교에 적응을 잘한 것처럼 호야도 우리 집 환경에 적응을 잘해서

3 이 글의 특징을 잘못 말한 친구의 이름을 쓰세요.

다인: 글쓴이가 자신의 생각과 마음을 살펴서 쓴 글이야.
현수: 글쓴이가 경험한 일과 깨달은 점이 드러난 글이야.
민지: 글쓴이가 꾸며 낸 인물인 '나'를 통해 주제를 전달하는 글이야.

( )

4 다음 표의 빈칸에 ㉠~㉢을 알맞게 넣으세요.

(1) 글쓴이의 의미 있는 경험	
(2) 글쓴이의 느낌이나 생각, 깨달음	

5 호야에 핀 꽃의 모습으로 알맞은 것에 ○표 하세요.

(1) 

( )

(2) 

( )

6 이 글을 읽은 친구들의 반응으로 알맞지 않은 것에 ×표 하세요.

(1) 식물의 생명력이 놀라워. 나도 식물을 키우면서 그 속에서 생각하고 깨달은 점을 글로 써 봐야겠어. ( )

(2) 나는 금방 포기하는 버릇이 있어. 그런데 이 글을 보니 꾸준히 노력하면 좋은 결과를 얻을 수 있을 것 같아. ( )

(3) 할머니와 있었던 일이 기억에 남아. 나도 어릴 때 할머니께 선물을 드렸던 경험을 지금 일어난 일처럼 써 봐야겠어. ( )

자신의 삶을 되돌아보고 의미 있었던 경험을 떠올려 보세요.

7 자신의 경험 중에서 다른 사람들과 나누고 싶은 경험을 하나 고르고, 그에 관해 써 보세요.

• 내가 고른 경험은 ______________________ 이다.

• 이 경험을 다른 사람들과 나누고 싶은 이유는 ______________________

05 주장하는 글의 목적

주장하는 글은 어떤 문제에 대한 글쓴이의 생각이나 입장을 밝힌 글이에요. 주장하는 글을 읽을 때는 글쓴이가 내세우는 '주장'이 타당한지, 주장이 설득력 있도록 뒷받침하는 '근거'가 적절한지 살펴보아요.

+ **주장하는 글의 목적** 어떤 문제에 대해 상대방이 자신의 생각을 따르도록 설득하기 위함.

+ **주장하는 글의 특징**
  - 주장을 분명하게 밝히고, 논리적인 근거를 제시함.
  - 구체적인 예시나 통계 자료 등을 제시하여 주장의 신뢰성을 높임.

확인 문제를 풀어 보며 개념을 익혀요.

1 글의 내용을 바르게 이해한 것에 ○표 하세요.

우리 학교에서 음식물 쓰레기를 처리하는 비용이 매년 증가하고 있습니다. 음식물 쓰레기를 줄입시다.

(1) 학교 음식물 쓰레기에 대한 자신의 주장을 담은 글이다. (　　　　)
(2) 글쓴이는 학교 환경 문제에 대해 자신의 주장을 펼치고 있다. (　　　　)

2~4 글의 목적이 설득이면 ○, 그렇지 않으면 ×에 표시하세요.

2 멸종 위기 동물이란 매우 적은 수만 살아 있거나, 서식지 파괴, 기후 변화 등으로 인해 멸종의 위험이 있는 동물을 말한다. (○ , ×)

3 교실 청소는 아침 시간에 해야 한다. 왜냐하면 오후에는 방과 후 수업을 듣거나 학원에 가느라 청소에 참여할 수 없는 친구들이 있기 때문이다. (○ , ×)

4 나뭇잎 사이로 비치는 햇살 아래에서, 두 사람은 말없이 서로를 바라보며 웃음 지었다. 이제 두 사람 앞에는 행복한 미래가 기다리고 있는 것 같았다. (○ , ×)

정답 1 (1)○ 2× 3○ 4×

㉮

1회독
글 가와 나의 중심 낱말에 ○
글쓴이의 주장에 〰
주장을 뒷받침하는 근거에 [ ]

가 직업은 내가 좋아하는 일보다 잘하는 일로 선택해야 한다.

직업은 '먹고살기 위하여 자신의 ㉠적성과 능력에 따라 일정한 기간 계속하여 **종사하는**° 일'을 뜻합니다. 놀이나 취미와 달리 직업의 목적은 **생계**°를 유지하는 데 있지요. 직업을 통해 생계를 유지하고 더 나아가 높은 생활 ㉡수준을 누리기 위해서는 내가 잘하는 일을 직업으로 선택해야 합니다.

그 첫 번째 근거는 내가 잘하는 일을 하면 그렇지 않을 때보다 성공할 확률이 높기 때문입니다. 어떤 분야에서 성공하려면 전문적인 능력이 필요합니다. 내가 잘하는 일을 하면 전문적인 능력을 쌓기가 쉽고, 이를 통해 ㉢성과를 내기도 수월할 것입니다.

두 번째 근거는 일을 잘해서 성공을 맛보면, 그 일을 좋아하게 될 수도 있기 때문입니다. 좋아하지 않는 일이라도 꾸준히 하다 보면 재미와 보람을 느끼는 경우가 있습니다. 일을 하며 좋은 결과를 얻고 나면 스스로 뿌듯해지는 것은 물론 주변 사람들로부터 인정을 받게 됩니다. 일하며 얻은 성공은 의욕을 북돋아 내가 그 일을 더 열심히 하고 좋아하게 만들어 줄 것입니다.

일에 대한 자긍심을 갖고, 만족스러운 삶을 살기 위해서는 자신의 재능과 능력을 우선으로 고려해 직업을 선택해야 합니다.

- **종사(從 좇을 종, 事 일 사)하다** 어떤 일을 직업으로 삼아서 일하다.
- **생계(生 날 생, 計 꾀할 계)** 살림을 살아 나갈 방도. 또는 현재 살림을 살아가고 있는 형편.

빈칸에 알맞은 낱말을 써넣으며 내용을 정리해 보세요.

정답 및 해설 12쪽

글 가의 주장: 직업은 내가 좋아하는 일보다 잘하는 일로 선택해야 함.

근거 1	잘하는 분야에서 ❶ [ㅅ ㄱ] 할 확률이 높음.
근거 2	일을 잘해서 성공을 맛보면, 그 일이 결국 내가 좋아하는 일이 될 수 있음.

2회독 빈칸을 채우지 못했다면 다시  읽어요!

나 직업은 내가 잘하는 일보다 좋아하는 일로 선택해야 한다.

우리 주변에는 만화를 좋아해서 웹툰 **편집자**°가 되거나, 축구를 좋아해서 축구 선수가 된 사람처럼 취미와 직업이 일치하는 사람들이 있습니다. 좋아하는 일을 직업으로 삼는 것은 많은 현대인들이 꿈꾸는 일입니다. 한 번뿐인 삶에서, 직업은 내가 잘할 수 있는 일보다 내가 좋아하는 일로 선택해야 합니다.

그 근거는 첫째, 돈을 많이 버는 것보다 행복하게 사는 것이 더 중요하기 때문입니다. 우리나라 성인들은 긴 시간 동안 일하며, 일하는 동안 받는 스트레스도 적지 않습니다. 자신이 좋아하는 일을 한다면 그렇지 않을 때보다 즐겁게 할 수 있어서 삶의 질이 향상될 것입니다. 돈을 많이 벌더라도, 하기 싫은 일을 매일 해야 한다면 그 삶은 불행할 것입니다.

둘째, 좋아하는 일을 꾸준히 하다 보면, 그 일을 잘하게 될 수 있기 때문입니다. 일을 하다가 어려움을 마주하게 되더라도, 그 일이 내가 좋아하는 일이라면 포기하지 않고 어려움을 해결하려고 노력할 것입니다. 그리고 그 과정에서 지속적으로 발전하고 성장하여 ㉣**잠재력**°을 최대로 발휘하게 될 것입니다.

따라서 직업을 선택할 때는 열정을 쏟을 수 있도록 좋아하는 일을 선택해야 합니다. 이는 사람들의 ㉤행복감을 높여 주고, 결과적으로 더 나은 삶을 살게 할 것입니다.

- **편집자**(編 엮을 편, 輯 모을 집, 者 놈 자) 신문이나 잡지 책 등을 펴내기 위하여 기사나 글 등 여러 자료를 모으고 정리하여 알맞게 짜 맞추는 일을 하는 사람.
- **잠재력**(潛 자맥질할 잠, 在 있을 재, 力 힘 력) 겉으로 드러나지 않고 속에 숨어 있는 힘.

빈칸에 알맞은 낱말을 써넣으며 내용을 정리해 보세요.

정답 및 해설 12쪽

글 나의 주장: 직업은 내가 잘하는 일보다 좋아하는 일로 선택해야 함.	
근거 1	돈을 많이 버는 것보다 ❷ [ㅎ][ㅂ]하게 사는 것이 더 중요함.
근거 2	좋아하는 일을 꾸준히 하다 보면, 그 일을 잘하게 될 수 있음.

2회독 빈칸을 채우지 못했다면 다시 꼼꼼히 읽어요!

개념의 적용 / 꼼꼼한 이해

1 ㉮에 들어갈 이 글의 제목으로 알맞은 것은 무엇인가요? (　　　　)

① 직업을 통한 행복한 삶의 추구
② 성공이 보장된 직업을 가질 수 있는 방법
③ 내가 잘하는 일을 어떻게 찾을 수 있을까?
④ 내가 좋아하는 일을 직업으로 삼아야 하는 이유
⑤ 잘하는 일과 좋아하는 일 중 무엇을 직업으로 삼아야 할까?

2 ㉠~㉤의 낱말의 뜻으로 알맞지 않은 것은 무엇인가요? (　　　　)

① ㉠ 적성: 어떤 일에 알맞은 사람의 성격이나 능력.
② ㉡ 수준: 사물의 가치나 질 등을 판단하는 기준이 되는 정도.
③ ㉢ 성과: 어떤 일을 이루어 낸 결과.
④ ㉣ 잠재력: 겉으로 드러나 다른 사람에게 보이는 진짜 힘.
⑤ ㉤ 행복감: 삶에서 충분한 만족과 기쁨을 느껴 흐뭇한 감정.

개념의 적용

3 글 가와 나의 주장과 그에 대한 근거로 알맞은 것을 두 가지씩 찾아 선으로 이으세요.

(1) 직업은 내가 잘하는 일로 선택해야 한다. •
(2) 직업은 내가 좋아하는 일로 선택해야 한다. •

• ① 잘하는 분야에서 성공할 확률이 더 높다.
• ② 열정을 가지고 꾸준히 하다 보면, 그 일을 잘하게 될 수 있다.
• ③ 좋은 결과를 만들어 내다 보면, 결국 그 일을 좋아하게 될 것이다.
• ④ 일을 하며 받는 스트레스가 줄어 삶의 질이 높아질 것이다.

4 글 가와 나를 읽은 반응으로 알맞은 것에 ○표 하세요.

(1) 글 가를 읽고, 그림을 잘 그리지 못해도 좋아하니까 직업으로 삼아 계속하면 실력이 늘 수 있을 거라고 생각했어. (　　　　)
(2) 글 나를 읽고, 그림을 잘 그리지만 좋아하지 않으니까 직업으로 삼으면 내 삶의 질이 떨어질 거라고 생각했어. (　　　　)

5 다음 의견은 글 가와 나의 주장 중 어느 쪽에 더 가까운지 쓰세요.

초등학생들이 희망하는 직업 1위가 디지털 개인 창작자라는 설문 조사 결과가 나왔다. 이 결과는 학생들이 자신의 적성과 장점, 재능을 생각하지 않고 단순히 재미있어 보이는 일만 좇는 모습을 보여 주는 것 같아 안타깝다.

( )

6 다음 자료는 글 가와 나 중 어떤 글의 근거에 해당하는지 각각 써 보세요.

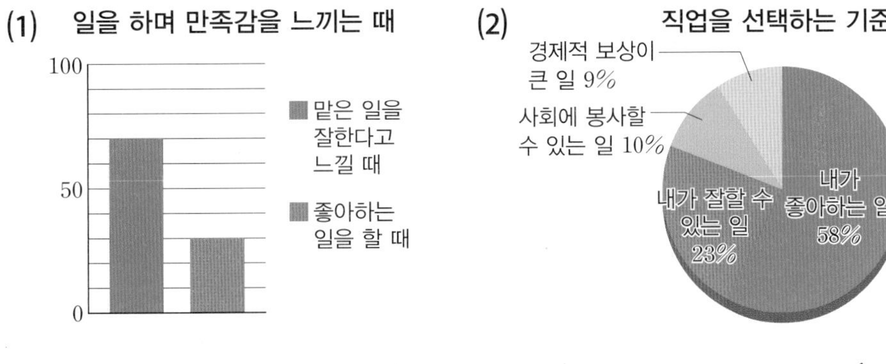

( ) ( )

근거가 나의 주장과 관련 있는지, 나의 주장을 뒷받침하는지 생각해 보세요.

달곰한 생각 펼치기

7 '잘하는 일과 좋아하는 일 중 무엇을 직업으로 삼아야 할까?'에 대한 나의 주장을 근거를 들어 써 보세요.

직업은 (내가 잘하는 일, 내가 좋아하는 일)로 선택해야 한다.

왜냐하면

2
주차 에서 우리는

문해력 개념	긴 글 읽기 지문	공부한 날
주동 인물, 반동 인물, 보조 인물의 역할을 이해하며 이야기 읽기	귓속말 금지 구역	월 일
가리키는 말이 뜻하는 대상이 무엇인지 살펴보며 글 읽기	고흐의 「해바라기」	월 일
질문을 떠올리고 답을 찾으며 적극적으로 글 읽기	불의 고리	월 일
기사문의 특징을 이해하며 글 읽기	이주 배경 학생을 위한 지원 강화해야	월 일
'서론-본론-결론'으로 이루어진 글의 짜임을 이해하며 주장하는 글 읽기	반려견 기르기, 다시 한번 생각을!	월 일

06 인물의 역할

이야기 속에 등장하여 말하고 행동하는 모든 이들을 '인물'이라고 해요. 주인공, 주인공을 괴롭히고 방해하는 인물, 주인공을 돕는 인물처럼 다양한 인물들이 등장해야 이야기가 더 흥미진진하지요.

✦인물의 역할

- 주동 인물: 주인공. 중심 사건을 이끌어 가는 인물
- 반동 인물: 주인공과 대립하여 갈등을 일으키는 인물
- 보조 인물: 주인공과 반동 인물을 보조하는 인물. 주인공을 도와주는 인물도 포함됨.

확인 문제를 풀어 보며 개념을 익혀요.

1~3 글을 읽고, 해당 인물을 찾아 써 보세요.

1

흥부는 착하고 정 많은 사람이었어요. 누구든 어려운 처지에 있는 사람을 보면 도와주었지요. 그런데 부모님이 돌아가시자 형인 놀부가 흥부에게 한 푼도 나눠 주지 않고 혼자서 재산을 몽땅 차지했어요. 어느 날, 흥부는 배가 고파 형을 찾아갔지만 놀부는 밥을 주기는커녕 뺨을 때려 내쫓았어요.

(1) 주인공 (   )

(2) 주인공과 대립하는 인물 (   )

2

어느 날, 거북이 느릿느릿 걷고 있었어. 토끼가 거북을 '세상에서 가장 느린 동물'이라고 놀렸어. 거북은 화가 나서 토끼에게 경주를 제안했어. 토끼는 그 제안을 흔쾌히 받아들였지.

시합이 시작되자 토끼가 앞서갔어. 그런데 결승점을 앞두고 넓은 강이 나타났어. 토끼가 어쩔 줄 모르고 있을 때 한참 뒤에 나타난 거북은 "세상에서 가장 느린 동물이 누굴까?"라며 유유히 헤엄쳐서 결승점에 도착했지.

(1) 주인공 (   )

(2) 주인공과 대립하는 인물 (   )

3

옛날에 한 나그네가 숲속을 지나가다가 다친 까치를 발견했어요. 그는 까치를 정성스럽게 치료해 주었고 까치는 다시 날 수 있게 되었어요. 그날 저녁, 나그네가 나무 밑에서 잠을 자는데 구렁이가 다가왔어요. 그 순간, 까치가 나타나 시끄럽게 울며 나그네를 깨웠어요. 까치 덕분에 깨어난 나그네는 무사히 구렁이를 피할 수 있었답니다.

(1) 주인공 (   )

(2) 주인공과 대립하는 인물 (   )

(3) 주인공을 도와주는 인물 (   )

정답 1 (1) 흥부 (2) 놀부 2 (1) 거북 (2) 토끼 3 (1) 나그네 (2) 구렁이 (3) 까치

귓속말 금지 구역
글 김선희

귓속말 금지 구역

1회독

주인공에 ○
주인공과 갈등 관계에 있는 반동 인물에 〰
주인공과 반동 인물을 보조하는 인물에 [ ]

세상은 꼭 지옥 같은 어두운 시간들만 있는 건 아니다. 아니, 지옥 같은 시간들이 있으면 눈부신 천국 같은 시간들도 있다. 살다 보면, 때로 어둡고 긴 터널도 지나는데, 터널은 길고 긴 삶에 비하면 그야말로 순식간에 지나간다.

아무리 강한 힘을 가진 ㉠절대 권력의 소유자라 하더라도 **허점**이 있기 마련이다. 되도록 그 허점을 남에게 내보이지 않기 위해, **부단히** 노력하겠지만 한번 ㉡허점이 노출되면 절대 권력도 한순간에 무너져 내린다.

예린이가 그랬다.

내가 그날 본 그 한 장면은 모든 걸 뒤바꿔 놓았다.

나는 예린이가 교실에서 태주에게 하던 행동을 봤지만 못 본 척했고, 예린이는 내가 그 광경을 보고도 못 본 척하고 있다는 것을 알고 있는 듯했다.

예린이가 옆에 지나가는 아무 애나 붙잡고, 나를 힐끔거리며 귓속말을 해도 나는 더 이상 두렵지 않았다. 무시하고, 그 앞을 당당하게 지나갔다. 예린이도 그걸 알아차린 모양이었다. 그 뒤로, 더 이상 내 앞에서 귓속말을 하지 않았다.

㉢그 대신 나한테 귓속말을 하기 시작했다.

내가 화장실에서 나오는데 뒤에서 예린이가 재빨리 따라 나왔다. 예린이 옆에는 그림자처럼 따라다니는 지현이가 있었다.

예린이는 내 옆으로 오더니, 갑자기 내 귀에 대고 귓속말을 하기 시작했다.

"우리 이제부터 친하게 지내자."

예린이는 지현이를 **경멸스러운** 눈빛으로 힐끔힐끔 보더니 또다시 나한테 귓속말을 했다.

"이따 끝나고 떡볶이 먹으러 갈 건데, 같이 갈래? 내가 살게."

겨우 이거였어? 이런 내용이었어?

놀랍다기보다는 실망스러웠다. 나를 그토록 괴롭게 했던 귓속말이, **고작** 떡볶이 먹으러 같이 가자는 내용이었다니.

속았다!

그런데 지현이 표정이 곧 울 것처럼 울상이 됐다. 저런 기분 알 것도 같

- **절대 권력**(絶 끊을 절, 對 대답할 대, 權 권세 권, 力 힘 력) 어떠한 경우에도 대항하거나 상대해 내지 못할 제일의 권력.
- **허점**(虛 빌 허, 點 점찍을 점) 불충분하거나 허술한 점.
- **부단**(不 아니 불, 斷 끊을 단)**히** 꾸준하게 잇대어 끊임이 없이.
- **경멸**(輕 가벼울 경, 蔑 업신여길 멸)**스럽다** 깔보아 업신여길 만한 데가 있다.
- **고작** 기껏 따져 보거나 헤아려 보아야.

았다. 내가 내내 당했으니까. 똥물을 뒤집어쓴 기분 말이다.

나는 지현이가 들을 수 있도록 일부러 큰 소리로 말했다.

"떡볶이 먹으러 가자고? 난 싫은데?"

이번에는 예린이 얼굴이 흑빛이 되었고, 지현이 얼굴이 밝아졌다. 예린이가 나를 노려보았다. 하지만 전혀 겁나지 않았다. 이제 나에게 귓속말 따위, 통하지 않는다는 걸 너도 알아야 해.

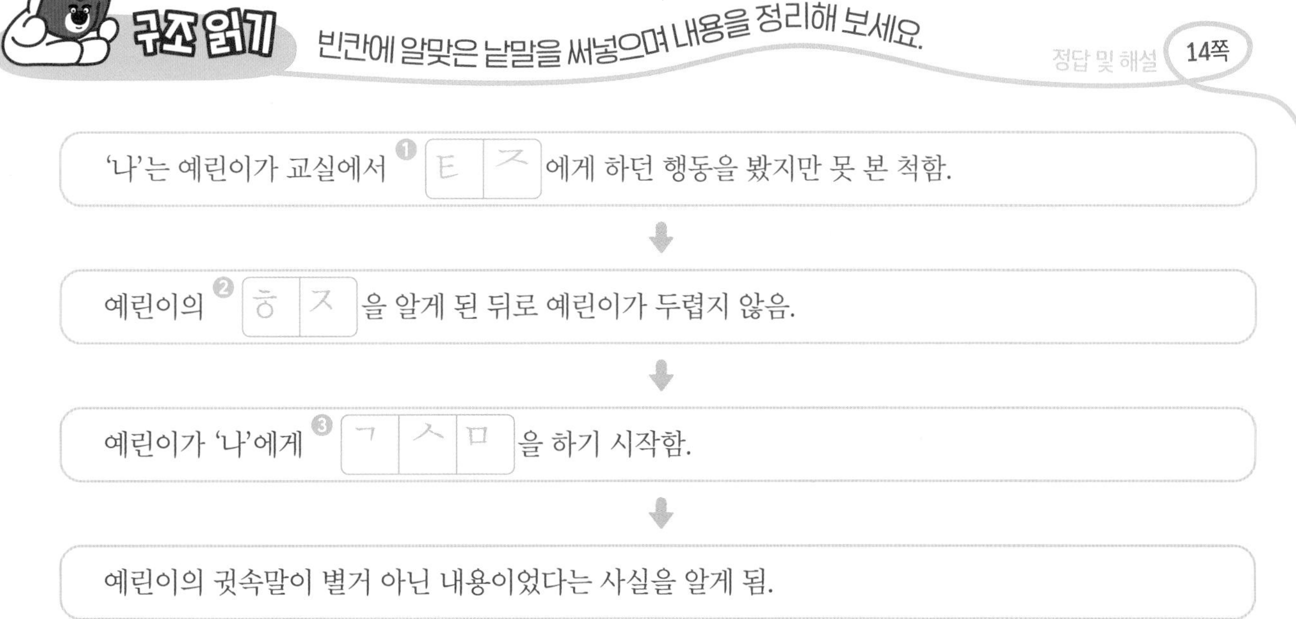

1 이 이야기를 읽고 알 수 있는 내용으로 알맞지 않은 것에 ×표 하세요.

(1) 예린이가 귓속말로 '나'에게 떡볶이를 같이 먹으러 가자고 했다. (　　　　)

(2) '나'는 예린이에게 큰 소리로 떡볶이 먹으러 가기 싫다고 거절했다. (　　　　)

(3) '나'는 예린이가 교실에서 태주에게 하던 행동을 보고 예린이를 협박했다. (　　　　)

2 ㉠과 ㉡이 가리키는 내용으로 알맞은 것을 찾아 선으로 이으세요.

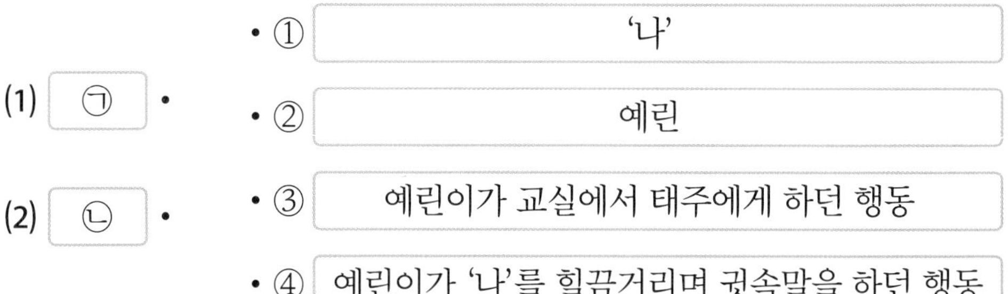

3 예린이의 허점을 알기 전과 후, 예린이가 '내' 앞에서 귓속말을 할 때 '나'의 기분은 어떻게 달라졌나요? (　　　　)

① 당당함. → 괴로움.
② 두려움. → 아무렇지 않음.
③ 놀라움. → 울고 싶은 기분.
④ 실망스러움. → 경멸스러움.
⑤ 겁나지 않음. → 똥물을 뒤집어쓴 기분.

4 이 이야기에 등장하는 인물 중 빈칸에 들어갈 알맞은 인물을 찾아 이름을 쓰세요.

5 이야기의 흐름을 고려할 때, ©의 이유를 알맞게 짐작한 친구의 이름을 쓰세요.

윤준: 예린이가 친했던 태주와 다퉈서 사이가 멀어진 것을 '나'가 알게 된 것 같아. 예린이는 '나'가 그 소문을 퍼뜨리지 않은 것이 고마워서 '나'와 친하게 지내려고 귓속말을 시작한 것 같아.

지후: 예린이는 친하게 지냈던 지현이에게 싫증을 느끼게 된 것 같아. 그리고 앞에서 귓속말해도 항상 당당한 '나'를 멋있게 생각하여 친하게 지내고 싶은 마음에 '나'에게 귓속말을 시작한 것 같아.

소윤: 예린이가 교실에서 태주에게 나쁜 행동을 하는 것을 '나'가 본 것 같아. 그걸 들켜 겁이 난 예린이는 '나'가 그 사실을 선생님이나 친구에게 말할까 봐 두려워서 '나'에게 귓속말하며 친한 척하는 것 같아.

( )

6 이 이야기를 읽고 자신의 생각과 느낌을 알맞게 말한 친구에 ○표 하세요.

(1) 정겨운 귓속말이 친구를 따돌리는 무서운 무기로 변한 것 같아. 앞으로 상대를 힐끔거리며 귓속말하는 행동을 하지 않아야겠어. ( )

(2) 귓속말을 무서워하는 예린이가 불쌍하게 느껴져. 친구가 내 앞에서 귓속말을 한다고 해서 나의 험담을 하는 것은 아니므로 신경 쓸 필요는 없어. ( )

친구 앞에서 귓속말을 하거나, 친구들이 귓속말하는 모습을 본 경험을 떠올려 내 의견을 써 보세요.

7 다음 제안에 대한 자신의 의견과 그 이유를 써 보세요.

금요일 회의 시간에 지현이가 손을 번쩍 들었다.
"우리 반에서 귓속말을 금지하는 규칙을 만들 것을 제안합니다."

나는 귓속말을 금지하는 규칙에 (찬성, 반대)한다. 그 이유는

07 가리키는 말

가리키는 말은 앞에서 나왔던 내용을 말할 때, 강조하고 싶은 내용을 말할 때, 같은 말이 반복될 때 간단하게 표현하기 위해 사용해요. '이 일', '그 분', '저 사람'처럼 가리키는 말은 '이', '그', '저'가 들어가요. 가리키는 말의 앞을 살펴보면 가리키는 대상이 무엇인지 알 수 있어요.

+ **가리키는 말** 앞에서 말한 낱말이나 내용을 다시 쓸 때 사용하는 말

+ **가리키는 말의 종류**
  - 이: 말하는 이에게 가까이 있거나 말하는 이가 생각하고 있는 대상을 가리킬 때 씀.
  - 그: 듣는 이에게 가까이 있거나 듣는 이가 생각하고 있는 대상을 가리킬 때 씀.
  - 저: 말하는 이나 듣는 이로부터 멀리 있는 대상을 가리킬 때 씀.

확인 문제를 풀어 보며 개념을 익혀요.

1~4 밑줄 친 말이 가리키는 대상을 글에서 찾아 쓰세요.

1

볼펜은 잉크로 글을 쓰는 필기도구입니다. 끝에 작은 볼이 있어 잉크를 부드럽게 전달해 주지요. 이것은 색상이 다양하고 휴대가 간편해서 사람들이 즐겨 씁니다.

( )

2

안창호는 독립운동가이자 교육가로, 대한민국 임시 정부의 주요 인물 중 하나였습니다. 그는 흥사단을 세워 민족 교육과 자주독립을 위해 헌신했습니다. 그의 노력은 우리나라의 독립과 발전에 큰 기여를 했습니다.

( )

3

학생: ○○ 초등학교가 어디에 있나요?
아주머니: 저 문방구를 따라 오른쪽으로 돌면 바로 ○○ 초등학교가 보여요.
학생: 감사합니다.

( )

4

아빠: 저기 앞에 있는 책을 가져오너라.
아들: 여기 있어요.
아빠: 이거 말고 저것, 『홍길동전』 말이야.
아들: 아이참, 진작 책 이름을 말씀해 주시지.

( )

정답 1 볼펜 2 안창호 3 문방구 4 『홍길동전』

고흐의 「해바라기」

빈센트 반 고흐를 아시나요? ㉠그는 네덜란드에서 태어나 프랑스에서 활동한 화가예요. 대표적인 작품 「해바라기」는 ㉡그가 1888년과 1889년 사이에 프랑스 남부의 아를에서 그린 12개의 작품으로, '해바라기 **연작**' 이라고 불려요. 연작 12개 중 7개는 해바라기가 하나의 꽃병에 담긴 모습을 그린 정물화예요. 정물화는 움직이지 못하는 물체들을 놓고 그린 그림을 말해요.

연작 중 하나인 「15송이의 해바라기」를 자세히 살펴볼까요? 고흐는 이 작품에서 해바라기를 실제 모습과 똑같이 그리지 않았어요. 해바라기 **형태**를 단순화하여 짧고 굵은 붓질로 힘있게 나타냈지요. 또한 **색채**와 빛을 연구하여 해바라기의 꽃잎을 환한 노란색부터 차분한 갈색까지 다양한 **색조**로 표현했어요. 고흐는 대상을 있는 그대로 그리기보다는 자신의 느낌을 살려 개성적으로 표현하는 데 관심이 있었어요. ㉢그는 자신만의 감정과 에너지를 형태와 색채에 반영한 독창적인 방식을 보여 주었지요.

▲ 고흐, 「15송이의 해바라기」, 영국 국립미술관

고흐는 다양한 모습의 해바라기들을 그렸어요. 이 그림에도 활짝 피어 있는 해바라기와 중간중간에 시들어 있는 해바라기가 섞여 있지요. 아래쪽에는 완전히 시든 상태의 해바라기도 있네요. 이처럼 해바라기의 다양한 모습은 생명과 죽음, 희망과 절망 등을 표현한 거예요.

고흐가 프랑스 아를의 노란 집에서 살 때 친구인 폴 고갱이 찾아왔어요. 고흐는 ㉣그의 방문을 환영하기 위해 해바라기를 그려 벽면을 꾸몄다고 해요. 고갱은 약 2개월 동안 노란 집에 머물렀죠. 그림 ㉮저 아래쪽에 해바라기가 놓인 테이블과 노란 벽의 경계선을 파란색으로 그어 놓은 것이 보이시죠? ㉯그것을 보면 고흐가 살았던 노란 집의 벽면을 상상해 볼 수

- **연작**(聯 잇닿을 연, 作 지을 작) 한 작가가 같은 주제나 서로 관련된 내용으로 연달아 짓는 일. 또는 그런 작품.
- **형태**(形 형상 형, 態 모양 태) 사물의 생긴 모양.
- **색채**(色 빛 색, 彩 무늬 채) 물체가 빛을 받아 나타내는 색깔.
- **색조**(色 빛 색, 調 고를 조) 색깔의 조화. 색깔의 인상이 강하거나 약한 정도나 상태. 또는 색깔이 짙거나 옅은 정도나 상태.

있어요. 고흐는 행복을 상징하는 해바라기를 통해 고갱과 즐거운 예술적 협력을 기대했을지도 모르겠어요. ㉤그에게 해바라기는 단순한 행복을 넘어 삶에 대한 철학과 예술적 열정을 담은 특별한 주제였으니까요.

고흐의 '해바라기 연작'은 실험적인 **기법**을 통해 빛과 색상의 아름다움을 표현한 대표적인 작품이에요. 예술사에서 유명한 정물화 시리즈 중 하나이기도 하지요. ㉥이 작품들은 고흐의 예술적 탐구 정신과 열정이 빚어낸 **결실**로서, 그의 작품 세계를 이해하는 데 중요한 역할을 한답니다.

- **기법**(技 재주 기, 法 법 법) 기술과 방법을 아울러 이르는 말.
- **결실**(結 맺을 결, 實 열매 실) 일의 결과가 잘 맺어짐. 또는 그런 성과.

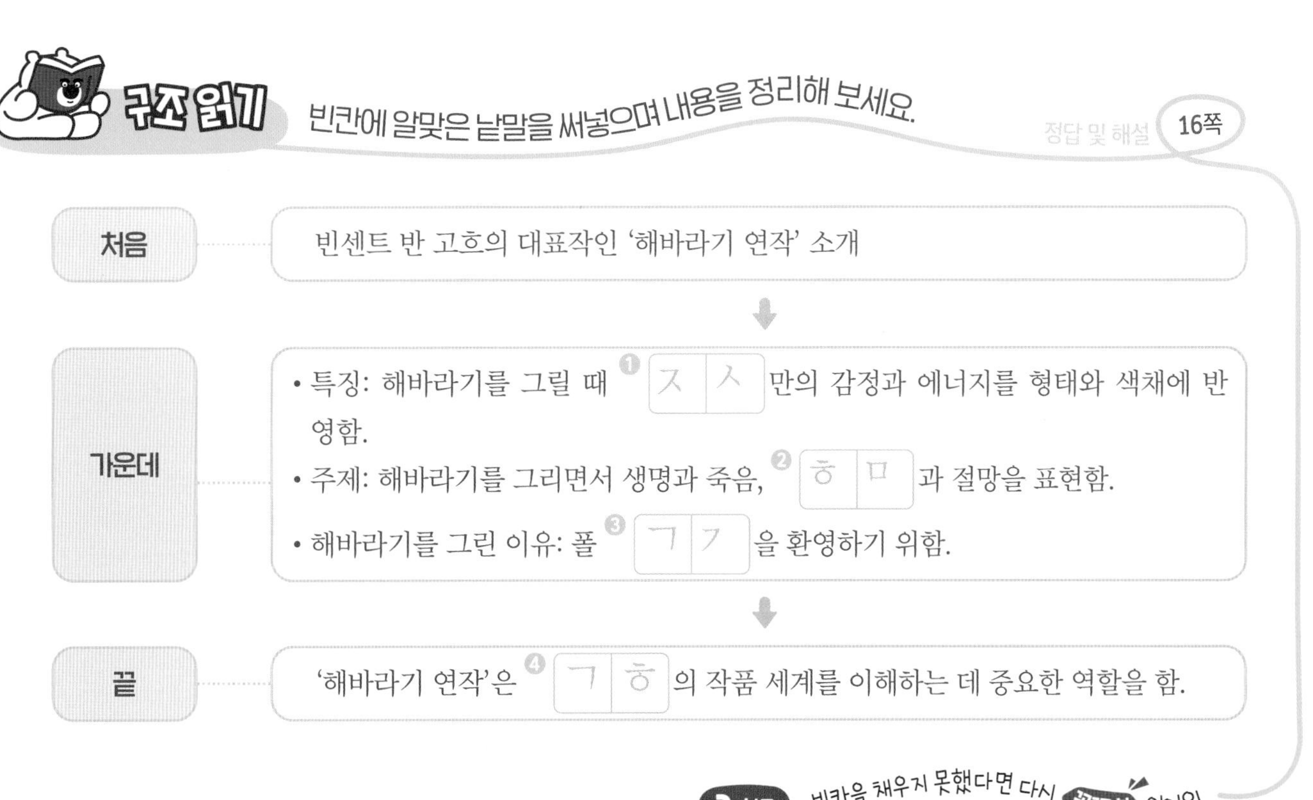

1 이 글에 대한 설명으로 알맞은 것을 두 가지 고르세요. (　　　　)

① 고흐가 '해바라기 연작'을 그린 차례대로 작품을 설명하고 있다.
② 해바라기 그림을 예로 들어 고흐와 고갱의 작품 세계를 비교하고 있다.
③ 고흐의 '해바라기 연작'을 그의 다른 대표 작품과 비교하며 설명하고 있다.
④ '해바라기 연작'에서 알 수 있는 고흐의 독창적인 표현 방식을 설명하고 있다.
⑤ '해바라기 연작' 중 「15송이의 해바라기」 작품을 보면서 그림의 내용을 살펴보고 있다.

2 이 글에서 설명하는 그림과 관계있는 것을 찾아 ○표 하세요.

▲ 「15송이의 해바라기」

(1) 그림의 종류: (풍경화, 인물화, 정물화)

(2) 화풍: (사진을 찍은 것처럼 사실적으로 표현함, 형태와 색채를 개성적으로 표현함.)

• 주제: 생명과 죽음, 희망과 절망

3 ㉠~㉤에서 가리키는 대상이 다른 하나를 찾아 기호를 쓰세요.

(　　　　　　　　)

4 ㉮~㉰를 알맞게 설명한 것을 찾아 선으로 이으세요.

(1) ㉮ 저 •　　　• ① 앞에서 말한 테이블과 노란 벽의 경계선을 가리켜요.

(2) ㉯ 그것 •　　　• ② 말하는 이가 바로 앞에서 말한 고흐의 '해바라기 연작'을 가리켜요.

(3) ㉰ 이 •　　　• ③ 말하는 이와 듣는 이로부터 멀리 있는 그림 아래쪽을 가리켜요.

5 고흐의 「해바라기」 그림을 감상한 사람은 누구인지 쓰세요.

미나: 이 그림의 해바라기는 정말 살아 있는 것처럼 보여요. 꽃의 형태가 사진을 찍은 것처럼 생생하게 느껴져요.
은수: 해바라기의 꽃을 표현할 때 노란색 색조를 다양하게 사용했군요. 강한 붓질도 인상적이에요.
예진: 해바라기의 특징을 점과 선과 면을 이용해서 도형처럼 표현했어요. 이렇게 해바라기를 표현할 수 있다는 것이 신기해요.

( )

6 보기를 읽고, 고흐와 뱅크시의 해바라기를 알맞게 비교한 것에 ○표 하세요.

보기

이 그림은 뱅크시의 작품 「주유소의 해바라기」(2005)예요. 뱅크시는 자동차 매연에 시들어 가는 주유소의 해바라기를 묘사했어요. 그는 이 작품을 통해 환경 오염 문제와 동시에 우리 시대의 예술도 오염되어 있다는 것을 말하고 있어요.

(1) 고흐와 뱅크시는 둘 다 해바라기를 통해 자연의 생명력과 아름다움을 표현하고 있다. ( )

(2) 고흐는 해바라기를 통해 삶과 죽음을 말하고 있지만, 뱅크시는 오염된 환경과 예술을 비판하고 있다. ( )

가리키는 말 '이', '이것은', '그' 등을 넣어서 써 보아요.

7 가리키는 말을 사용하여 짧은 글을 써 보세요.

08 글을 읽으며 질문하기

글을 정확하게 읽고 깊이 있게 이해하기 위해서는 적극적으로 질문하며 읽는 것이 좋아요. 하지만 질문만 하면서 읽는다면 아무런 도움이 되지 않아요. 중요한 것은 글을 읽으면서 질문을 하고 그에 대한 답을 찾는 거예요.

글을 읽으며 떠올릴 수 있는 질문들

- 글의 내용을 확인하는 질문 예 글에서 설명한 대상은 무엇이지?
- 글의 내용을 바탕으로 추측할 수 있는 질문 예 앞으로 어떤 일이 일어날까?
- 글의 내용이나 글쓴이의 생각에 대해 옳고 그름을 밝히는 질문
  예 글에 제시된 예시가 글쓴이의 생각에 맞는 내용인가?

개념 확인

확인 문제를 풀어 보며 개념을 익혀요.

1 다음 글을 읽고, 답을 찾을 수 있는 질문이 아닌 것에 ×표 하세요.

과학 기술의 발달로 날씨 예보가 점점 더 정확해지고 있다. 기상 관측소에서는 기온, 기압, 습도, 풍속 등을 측정하고, 레이더와 인공위성을 통해 구름의 이동 경로와 강수량 등을 알아 내어 날씨를 예측한다.

(1) 기상 관측소에서 측정하는 것은 무엇일까? ( )

(2) 날씨 예보가 점점 더 정확해지는 까닭은 무엇일까? ( )

(3) 레이더와 인공위성은 어떤 원리로 구름의 이동 경로를 알아 낼까? ( )

2 다음 글을 읽으며 질문한 내용과 그에 대한 알맞은 답을 선으로 이으세요.

전기 자동차는 전통적인 내연 기관 자동차에 비해 환경 오염 물질을 적게 배출하고 소음도 적다. 그 까닭은 화석 연료를 사용하여 엔진을 움직이는 내연 기관 자동차와 달리, 전기 자동차는 전기 배터리와 모터를 사용해 움직이기 때문이다. 최근 기술이 발전함에 따라 배터리의 충전 시간은 줄어들고 그 수명은 늘어나고 있다.

(1) 전기 자동차의 특징은 무엇인가? • • ㉮ 배터리의 충전 시간도 줄어들고, 수명이 늘어나 지금보다 확대될 것이다.

(2) 전기 자동차는 앞으로 어떻게 될까? • • ㉯ 전기 자동차는 전기 배터리와 모터를 사용해 움직인다.

(3) 전기 자동차는 우리 사회에 필요할까? • • ㉰ 환경 오염 물질을 적게 배출하여 자연을 보호하는 데 도움이 될 것이다.

정답 1 (3)× 2 (1)㉯ (2)㉮ (3)㉰

불의 고리

1회독
중심글감에 ○
지진이나 화산 활동이 일어나는 까닭에 〰
글에 나타난 질문에 대한 답에 [ ]

최근 우리나라에서 규모 4.8의 지진이 발생하였다. 우리나라는 4.8 규모에도 깜짝 놀랄 만큼 지진이 드물게 발생하고 그 규모가 약한 편에 속한다. 하지만 일본, 대만, 필리핀 등의 지역에서는 규모 6.0 이상의 지진과 화산 활동으로 인한 피해가 자주 발생한다. 왜 몇몇 나라를 중심으로 지진과 화산 활동이 많이 일어나는 것일까?

지진과 화산 활동을 설명하는 중요한 이론 중 하나가 판 구조론이다. 이 이론의 핵심 내용은 지구의 겉면이 여러 개의 큰 조각들로 나누어져 있고, 이 조각들이 움직이고 있다는 것이다. 이 조각들을 '지각판'이라고 부른다. 대표적인 판으로 아프리카판, 남극판, 태평양판 그리고 우리나라가 속해 있는 유라시아판 등이 있다. 그렇다면 지각판의 움직임은 왜 일어나고, 그것이 어떻게 지진과 화산 활동을 일으키는지 알아보자.

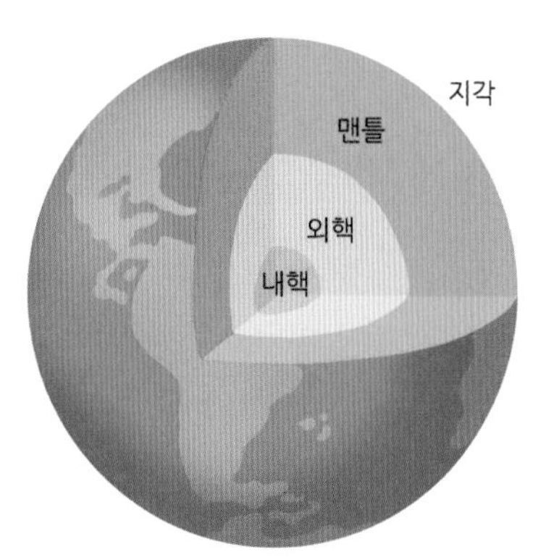

지구는 세 가지 층으로 이루어져 있다. 첫 번째는 지각으로, 지구의 **표면**•을 말한다. 바다, 땅, 산, 강 등이 있어서 우리가 걷고 놀며 사는 곳이다. 지각은 여러 지각판이 마치 퍼즐처럼 서로 맞대어져 있다. 지각 아래에는 맨틀이 있다. 맨틀은 고체로 이루어져 있지만 지구 내부의 열과 온도 차에 의해서 아주 조금씩 움직인다. 1년에 겨우 수 cm를 움직이지만, 맨틀은 지각판이 움직이는 데 아주 중요한 역할을 한다. 지구의 가장 안쪽에는 핵이 있다. 핵은 다시 내핵과 외핵으로 나뉘는데, 내핵은 고체 상태로, 외핵은 액체 상태로 그 온도가 엄청나게 높은 것이 특징이다. 지구의 핵에서 나오는 열은 지구를 따뜻하게 유지하고 외부의 영향으로부터 지구를 지키는 데 도움을 준다.

지각의 움직임이나 지진과 화산 활동은 이들 세 층의 **상호 작용**•을 통해 일어난다. 먼저 핵에서 발생하는 아주 높은 열로 인해 맨틀이 움직이게 된다. 맨틀이 움직이면서 그 위의 지각판도 움직이는데 이러한 움직임이 오랜 시간 쌓이면 지각판들이 서로 부딪히거나 멀어지게 된다. 엄청난 크기의 지각판들끼리 서로 충돌하거나 떨어지는 과정에서 지진이나 화산 등의 현상이 일어난다.

- **표면**(表 겉 표, 面 낯 면) 사물의 가장 바깥쪽. 또는 가장 윗부분.
- **상호 작용**(相 서로 상, 互 서로 호, 作 지을 작, 用 쓸 용) 짝을 이루거나 관계를 맺고 있는 이쪽과 저쪽 사이에서 이루어지는 작용.

따라서 지진과 화산 활동은 지각판들이 서로 만나는 **지점**°에서 많이 발생하게 된다. 특히 태평양판을 중심으로 여러 지각판이 맞물리는 **경계**°에 있는 지역은 지진과 화산 활동이 매우 활발하여 '불의 고리'로 불린다. 전 세계에서 발생하는 지진의 90% 이상이 이 지역에서 발생하고, 전 세계 화산의 75% 이상이 이곳에 몰려 있다. 그렇기 때문에 '불의 고리' 지역에 위치한 나라들에서는 지진과 화산 활동으로 큰 피해가 발생하기도 한다. 불의 고리에 속한 대표적인 나라로는 일본, 대만, 필리핀, 인도네시아, 미국, 페루 등이 있다.

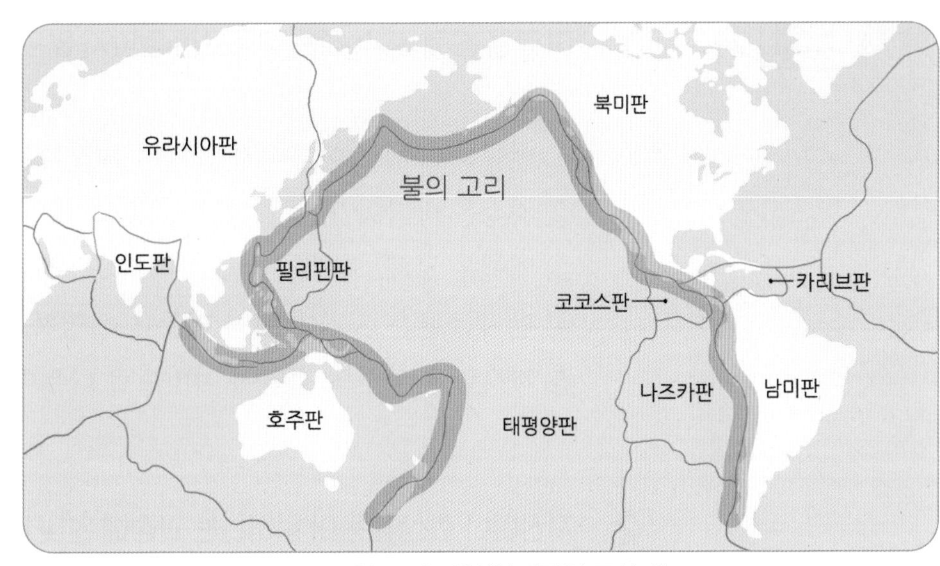

▲ 불의 고리 지역(환태평양 조산대)

- **지점**(地 땅 지, 點 점찍을 점) 땅 위의 일정한 점.
- **경계**(境 지경 경, 界 경계 계) 서로 다른 두 지역이나 사물이 구분되는 지점.

빈칸에 알맞은 낱말을 써넣으며 내용을 정리해 보세요.

정답 및 해설 18쪽

특정 나라에서 지진과 화산 활동이 자주 일어남.

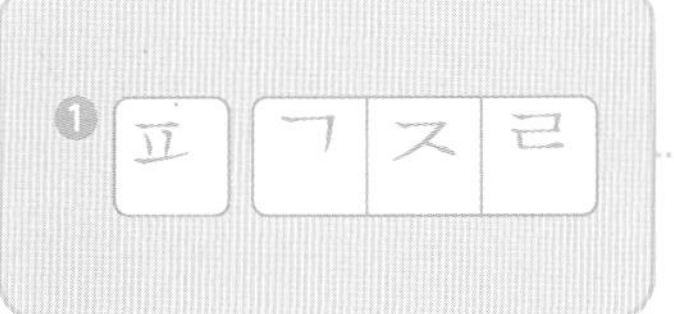

- 지진과 화산 활동을 설명하는 중요한 이론임.
- 지구는 지각, 맨틀, 핵으로 이루어져 있으며, 이 세 층의 ❷ ㅅ ㅎ ㅈ ㅇ 으로 지진과 화산 활동이 일어남.

- 태평양판을 중심으로 여러 지각판이 맞물리는 경계에 있는 지역임.
- 전 세계 지진의 90% 이상이 이 지역에서 발생하고 전 세계 화산의 75% 이상이 이 지역에 몰려 있음.

2회독 빈칸을 채우지 못했다면 다시 꼼꼼히 읽어요!

1 **이 글을 통해 알 수 있는 내용으로 알맞지 않은 것은 무엇인가요?** (　　　　)

① 맨틀은 고체로 이루어져 있으며 움직이지 않는다.
② 지각은 바다와 땅 등이 있는 지구의 표면을 말한다.
③ 내핵은 고체, 외핵은 액체 상태로 그 온도가 매우 높다.
④ 판 구조론은 지진과 화산 활동을 설명하는 중요한 이론이다.
⑤ 지각판은 지구의 겉면이 여럿으로 나누어진 조각을 가리킨다.

2 **지진이나 화산 활동이 일어나는 과정에 알맞게 기호를 쓰세요.**

㉠ 맨틀이 움직임.
㉡ 맨틀 위의 지각판이 움직임.
㉢ 지각판끼리 충돌하거나 멀어짐.

지구 내부의 열 → (　　　　) → (　　　　) → (　　　　) → 지진이나 화산 활동이 일어남.

개념의 적용

3 **이 글을 읽고 답을 찾을 수 있으면 ○에, 그렇지 않으면 ×에 표시해 보세요.**

(1) 지진이 발생하면 어떻게 대처해야 할까? (○ , ×)
(2) 지구의 핵에서 나오는 열은 지구에 어떤 영향을 줄까? (○ , ×)
(3) 지진과 화산 활동으로 인해 발생하는 피해에는 어떤 게 있을까? (○ , ×)
(4) 일본, 대만, 필리핀에서 지진과 화산 활동이 자주 일어나는 까닭은 무엇일까? (○ , ×)

4 **이 글을 읽고, 다음 질문에 대한 답을 알맞게 짐작한 것에 ○표 하세요.**

우리나라가 일본에 비해 지진이 드물게 일어나는 이유는 무엇일까?

(1) 유라시아판이 불의 고리 지역의 판들에 비해 움직임이 적기 때문이다. (　　　　)
(2) 판들은 돌아가면서 움직이는데 아직 유라시아판이 움직일 차례가 아니기 때문이다. (　　　　)

5 이 글을 읽고 짐작한 내용이 알맞지 않은 친구의 이름을 쓰세요.

지웅: 지각판들이 서로 멀어질 땐 괜찮지만, 충돌할 때는 위험하므로 조심해야 해.
하준: 화학 물품 생산 공장이나 원자력 발전소와 같은 건물은 지각판의 경계에 지으면 안 될 것 같아.
새봄: '규모 6.0 이상의 지진'으로 피해가 발생했다고 한 것을 보니 '규모'는 지진의 크기를 나타내는 것 같아.

(   )

6 이 글을 읽은 학생이 다음 지도를 보고 추론한 내용으로 알맞은 것을 모두 고르세요. (   )

① 지구의 지각 변화가 현재는 멈췄다.
② 과거에 서로 붙어 있던 지각판이 점점 이동해서 현재의 모습이 되었다.
③ A 지역보다 B 지역에서 지진이나 화산 활동이 더 활발했을 것이다.
④ 과거에는 '불의 고리' 지역이 없어서 지진과 화산 활동도 없었을 것이다.
⑤ C 지역과 D 지역에서는 비슷한 생물이 살았던 흔적이 나타날 수도 있다.

글을 읽으며 궁금했던 점, 이해가 잘 안 되었거나 비판할 내용들을 질문으로 만들어 보세요.

7 이 글을 읽으며 떠올린 질문과 그 질문에 대한 답을 써 보세요.

• 질문:

• 답:

09 기사문의 특징

기사문은 최근에 일어난 사건이나 상황을 많은 사람들에게 알리는 글이에요. 기사문에 나타난 사건이 무엇인지 파악하고, '언제, 어디서, 누가, 무엇을, 어떻게, 왜'에 대한 답을 찾으며 읽어요.

+ **기사문** 알릴 만한 가치가 있는 사실을 빠르고 정확하게 전달하는 글
+ **기사문의 특징**
  - '언제, 어디서, 누가, 무엇을, 어떻게, 왜'의 육하원칙에 따라 쓰임.
  - 공정하고 객관적인 태도로 사실을 다룸.
  - 읽는 이가 이해하기 쉽도록 간결하고 명료하게 표현함.

확인 문제를 풀어 보며 개념을 익혀요.

1 다음 기사문에서 알리고 있는 내용에 ○표 하세요.

지구 온난화의 영향으로 열대야가 지속되면서 잠 못 드는 날이 이어지고 있습니다. 밤 기온이 25도를 웃도는 무더위가 한 달 이상 계속되자 잠을 설치는 시민들이 피로를 호소하고 있습니다.

(1) 지구 온난화로 인한 에너지 소비량 변화 (　　　)
(2) 열대야가 이어져 숙면을 취하기 어려운 상황 (　　　)
(3) 무더운 날씨로 인한 아이스크림 판매량의 증가 (　　　)

2 다음 기사문을 읽고 알 수 있는 내용을 찾아 선으로 이으세요.

최근 ○○ 초등학교에서 교사와 학생들이 어려운 이웃을 돕는 데 기부하기 위해 나눔 시장을 열어 자금을 모았다.

(1) 언제, 어디서 • 　　• ㉠ 최근 ○○ 초등학교에서
(2) 누가 • 　　• ㉡ 교사와 학생들이
(3) 왜 • 　　• ㉢ 나눔 시장을 열어 자금을 모았다.
(4) 무엇을, 어떻게 • 　　• ㉣ 어려운 이웃을 돕는 데 기부하기 위해

정답 1 (2) ○ 2 (1) ㉠ (2) ㉡ (3) ㉣ (4) ㉢

이주 배경 학생을 위한 지원 강화해야

1회독

최근의 상황에 ○

이주 배경 학생이 겪는 가장 큰 어려움에 〰

이주 배경 학생을 위한 지원에 [ ]

우리나라 학교 현장에 이주 배경 학생이 계속 늘어나고 있습니다. 2023년 교육부 통계에 따르면, 국내 이주 배경 학생은 18만 1,178명으로 전년 대비 7.4% 증가한 것으로 조사되었습니다. 이는 국내 초·중·고등학교 전체 학생의 3.5%에 해당하는 숫자입니다. 국적은 베트남(32.1%)이 가장 많으며, 중국(24.6%)과 필리핀(9.1%), 한국계 중국(6.4%), 일본(4.2%) 순으로 나타났습니다.

이렇게 이주 배경 학생이 늘고 있는 학교 현장에 어려움은 없을까요? 이주 배경 학생들은 한국어가 능숙하지 않은 상태로 학교생활에 적응하는 일이 가장 힘들다고 말합니다. ○○ 초등학교에서는 수업 시간에 선생님이 한국어로 설명하면, 한국어를 할 줄 아는 이주 배경 학생이 한국어가 서툰 학생에게 내용을 전달해 줍니다. 선생님과의 소통이 원활하지 않은 이주 배경 학생은 다른 학생들보다 학습이 힘겨울 수밖에 없습니다. 한 이주 배경 학생은 ㉠ "수학 문제를 푸는 것보다 한국말로 공부하는 일이 더 힘들어요."라고 어려움을 표현하였습니다.

언어 문제는 문화적 차이를 이해하고 소통하는 데도 **걸림돌**•이 됩니다. 한 초등학교 교사는 이슬람 문화권 학생이 어른에게 고개를 숙이면서 인사하지 않아서 친구들에게 오해를 받았던 일이 있었다며, 한국말이 서툰 학생이 그 까닭을 밝히지 못한 것을 안타까워했습니다. 또한 ㉡ "급식 시간에 못 먹는 음식이 나오니 곤란해하면서도 그 까닭을 말하지 못하고 친구들의 눈치를 보는 일이 있었다."라며 언어 때문에 친구들 사이에 오해가 생길 수 있음을 지적했습니다.

이주 배경 학생의 학부모도 자녀를 지원하기가 쉽지 않습니다. 한 학부모는 ㉢ "가정 통신문의 내용을 이해하기 어려워 학교에서 어떤 행사를 하는지 잘 모른다."라며, 자녀에게 도움을 주지 못해서 미안하고 답답한 마음을 표현하였습니다. 학생의 학교생활을 지원해야 하는 학부모들도 어려움을 겪고 있는 것입니다.

이러한 상황을 인식한 시도 교육청에서는 다문화 연구 학교를 운영하여 이주 배경 학생이 한국 학생과 함께 생활할 수 있도록 돕는 제도를 시

• **걸림돌** 일을 해 나가는 데에 걸리거나 막히는 장애물을 비유적으로 이르는 말.

행하고 있습니다. 학교에 통역 협력 교사를 두고, 학생과 학부모를 위한 한국어 교실을 운영하여 소통의 어려움을 줄이고 있습니다. 또한 한국 이해 교육, 다문화 축제, 다문화 상담 교사 **파견**• 등 서로의 문화를 이해하는 프로그램도 운영하고 있습니다. 앞으로 이주 배경 학생을 위한 지원이 더욱 많아져 이주 배경 학생이 학교생활에 어려움을 겪지 않고 즐겁게 지낼 수 있기를 기대해 봅니다.

• **파견**(派갈래 파, 遣보낼 견) 일정한 임무를 맡겨 사람을 보내는 것.

빈칸에 알맞은 낱말을 써넣으며 내용을 정리해 보세요.

정답 및 해설 20쪽

❶ ㅇ ㅈ ㅂ ㄱ 학생이 늘어나는 추세임.

↓

- 학교 현장에서 마주하는 가장 큰 어려움은 ❷ ㅇ ㅇ 문제임.
- 한국어가 서툰 학생이 한국말로 하는 수업 내용을 이해하기 어려움.
- 이주 배경 학생과 한국 학생이 서로 문화적 ❸ ㅊ ㅇ 를 이해하고 소통하기 어려움.
- 이주 배경 학생의 ❹ ㅎ ㅂ ㅁ 들도 자녀를 지원하기 쉽지 않음.

↓

시도 교육청은 이주 배경 학생이 한국에서 학교를 다니며 생활하는 데 도움을 주기 위해 여러 프로그램을 운영하고 있음.

2 회독 빈칸을 채우지 못했다면 다시 꼼꼼히 읽어요!

1 **이 기사문을 읽고 알 수 있는 내용이 아닌 것에 ×표 하세요.**

(1) 국내 이주 배경 학생 중에 베트남 국적을 가진 학생이 가장 많다. (　　　　)

(2) 2023년 국내 이주 배경 학생은 전년 대비 7.4%가 증가한 것으로 조사되었다. (　　　　)

(3) 국내 이주 배경 학생이 학교 생활에 적응할 때 겪는 가장 큰 어려움은 문화적 차이이다. (　　　　)

2 **㉠~㉢의 사례와 관련된 문제점을 선으로 이으세요.**

(1) ㉠ •　　　　• ① 한국어를 사용하는 학업의 어려움.

(2) ㉡ •　　　　• ② 학부모가 자녀의 학교생활을 돕기 어려움.

(3) ㉢ •　　　　• ③ 문화적 차이를 설명하고 소통하기 어려움.

개념의
적용

3 **이 기사문의 특징을 알맞게 이야기하지 않은 친구의 이름을 쓰세요.**

민아: 이주 배경 학생이 겪고 있는 문제를 사실적으로 알려 주고 있어.
연호: 다문화 연구 학교를 운영하는 선생님들의 입장이 드러나 있어.
동건: 이주 배경 학생이 늘어나는 현실을 통계 자료로 뒷받침하고 있어.

(　　　　　　)

4 **빈칸에 들어갈 알맞은 내용을 보기에서 골라 번호를 쓰세요.**

보기
① 이주 배경 학생　　② 언어 문제　　③ 학업 및 학교생활 적응

• 누가: (1) ________　　• 언제: 현재
• 어디서: 학교 현장　　• 무엇을: (2) ________
• 어떻게: 수업 내용을 잘 알아듣지 못함, 친구들과 어울리는 데 어려움.
• 왜: (3) ________

(1) (　　　　)　(2) (　　　　)　(3) (　　　　)

5 다음 두 자료를 보고, 괄호 안에 들어갈 말로 알맞은 것에 ○표 하세요.

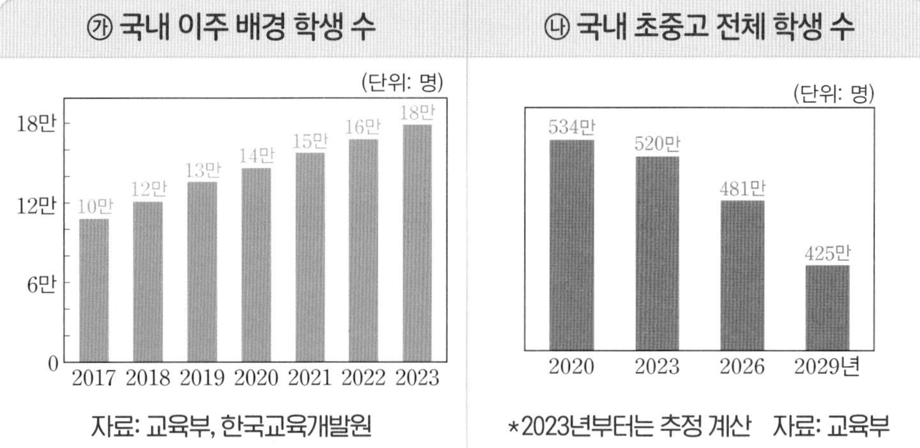

㉮에서 우리나라의 이주 배경 학생 수가 (줄고, 늘고) 있는데, ㉯의 우리나라 초중고 학생 수는 (줄어들, 늘어날) 것이라 추정되므로, 학교 현장에서는 이주 배경 학생 수가 훨씬 많이 늘어난다고 느낄 수 있다.

6 이 글을 읽고 보인 반응으로 적절하지 <u>않은</u> 것에 ×표 하세요.

(1) 이주 배경 학생이 겪는 어려움을 이해하고 해소할 수 있는 사회적인 지원과 제도가 있어서 다행이야. (　　　　)

(2) 이주 배경 학생을 위한 지원을 강화하는 동시에 그들의 문화를 이해하고 존중하는 자세를 가져야 해. (　　　　)

(3) 이주 배경 학생이라는 말을 아예 사용하지 못하게 하면 모든 문제가 저절로 해결될 거야. (　　　　)

'누가, 언제, 어디서, 무엇을, 어떻게, 왜'로 정리하여 쓰세요.

7 우리 반 친구들에게 알려 주고 싶은 사건을 육하원칙에 맞춰서 써 보세요.

10 주장하는 글의 짜임

주장하는 글은 글쓴이가 주장하는 내용을 분명하게 전달하고 설득력을 높이기 위해 일정한 구조를 갖추어 써요. 주장하는 글을 읽을 때는 각 단계에 들어가는 내용이 논리적으로 연결되는지 살펴보아요.

✦ 주장하는 글의 짜임 '서론 - 본론 - 결론'의 3단 구성

✦ 주장하는 글에 들어가는 내용

- 서론: 글을 쓰게 된 문제 상황과 글쓴이의 주장을 밝힘.
- 본론: 글쓴이의 주장에 대한 적절한 근거를 제시함.
- 결론: 글의 내용을 요약하고 주장을 다시 한번 강조함.

확인 문제를 풀어 보며 개념을 익혀요.

1~3 다음 표의 빈칸에 들어갈 내용으로 알맞은 것에 ○표 하세요.

1

서론	매일 30분 이상 운동을 하자.
본론	
결론	매일 규칙적으로 운동을 해서 체력을 기르자.

(1) 운동을 하면 체력이 좋아진다. (　　　　)

(2) 인스턴트 음식은 간단하게 먹을 수 있다. (　　　　)

2

서론	
본론	• 고운 말을 사용하면 친구 사이가 좋아진다. • 고운 말을 사용하면 내 의견을 부드럽게 전할 수 있다.
결론	욕설이나 거친 말 대신 우리 모두 고운 말을 사용하자.

(1) 욕설과 거친 말을 사용하는 학생이 많다. (　　　　)

(2) 한글은 과학적인 글자로 세계에서 인정받고 있다. (　　　　)

3

서론	책을 열심히 읽자.
본론	• 책을 읽으면 재미를 느낄 수 있다. • 책을 읽으면 지식을 쌓을 수 있다. • 책을 읽으면 생각하는 힘을 기를 수 있다.
결론	

(1) 성인 10명 중 6명은 1년에 책을 한 권도 읽지 않는다. (　　　　)

(2) 책을 읽으면 좋은 점이 많으므로 부지런히 책을 읽자. (　　　　)

정답 1 (1) ○ 2 (1) ○ 3 (2) ○

반려견 기르기, 다시 한번 생각을!

1회독

글쓴이의 주장에 ○

주장을 뒷받침하는 근거에 〰

세 가지 근거를 요약한 부분에 [ ]

1 최근 **반려견**을 기르는 가정을 쉽게 찾아볼 수 있습니다. 현재 반려견을 기르지 않더라도 언젠가 기르기를 희망하는 사람들도 많습니다. 그런데 어떤 사람들은 반려견을 어떻게 기를지 진지하게 고민하지 않고, 그저 반려견을 집에 들이면 된다고 생각합니다. 반려견 기르기는 신중하게 결정해야 합니다. 귀엽다는 이유로 무턱대고 기르다가는 예상하지 못했던 상황을 겪게 될 수 있기 때문입니다.

2 첫째, 반려견을 기르는 데는 많은 비용과 노력이 듭니다. 반려견이 먹는 사료와 간식뿐만 아니라, 가슴 줄, 그릇, 물통 등 반려견 용품을 구입할 때 돈이 듭니다. 예방 접종비와 진료비, 미용비도 주기적으로 드는 비용이지요. 또한 반려견은 매일 한두 시간씩 산책시켜야 하고, 함께 놀아 주어야 합니다. 반려견을 혼자 두고 멀리 여행을 갈 수도 없습니다. 먹이고, 목욕시키고 산책시키고 함께 놀아 주는 등 반려견을 키우는 보호자는 아이를 키우듯 많은 시간을 반려견에게 들여야 합니다.

3 둘째, 반려견과 헤어짐의 슬픔을 겪어야 합니다. 사람의 수명은 80년에서 100년 정도지만 반려견의 수명은 그보다 훨씬 짧은 15년 내외입니다. 그러다 보니 반려견과의 이별을 피하기가 힘듭니다. 사람이 늙고 병들어 죽음을 맞이하는 것처럼 반려견도 노견이 되면 아픈 곳이 많아지고 병들기도 합니다. 사랑하는 반려견을 떠나보낸 후 슬픔이 깊어져 **자책하거나** **우울증**을 겪는 사람들도 있습니다. 반려견을 처음 기를 때는 이를 생각하지 않았다가 큰 슬픔을 겪고 난 후 다시는 반려견을 기르지 않겠다고 결심하는 사람들도 많습니다.

4 셋째, 반려견을 기르기에 부적절한 환경은 반려견에게 고통을 줍니다. 아파트에 사는 반려견들은 실컷 짖거나 뛰지 못합니다. 큰 소리로 짖지 못하도록 성대 수술을 받아 고통받는 반려견도 있고, 좁고 미끄러운 실내에서 자주 넘어져서 무릎뼈를 다치는 반려견도 있습니다. 가족이 모두 외출하고 혼자 있는 시간이 많은 반려견은 외로움을 심하게 느끼고 **분리 불안**까지 생길 수 있습니다.

5 이처럼 반려견을 기르려면 많은 비용과 노력을 들여야 하며, 언젠가

- **반려견**(伴 짝 반, 侶 짝 려, 犬 개 견) 가족처럼 여기며 키우는 개.
- **자책**(自 스스로 자, 責 꾸짖을 책)**하다** 스스로 잘못했다고 생각하여 자신을 꾸짖고 나무라다.
- **우울증**(憂 근심 우, 鬱 막힐 울, 症 증세 증) 기운이 없을 정도로 항상 마음이나 기분이 매우 답답하고 슬픈 상태.
- **분리 불안**(分 나눌 분, 離 떠날 리, 不 아닐 불, 安 편안할 안) 친숙한 사람이나 상황으로부터 분리되면 비정상적인 불안감이 지속적으로 나타나는 증상.

찾아올 이별의 슬픔도 **감수해야**• 합니다. 또, 반려견을 기르기에 부적절한 환경은 반려견에게도 큰 고통을 줍니다. 반려견을 기르겠다고 무턱대고 결심하기 전에, 자신이 처한 상황을 고려해 반려견 기르기를 신중하게 결정해야 하겠습니다.

• **감수**(甘 달 감, 受 받을 수)**하다** (괴롭거나 힘든 일을) 어쩔 수 없어서 받아들이다.

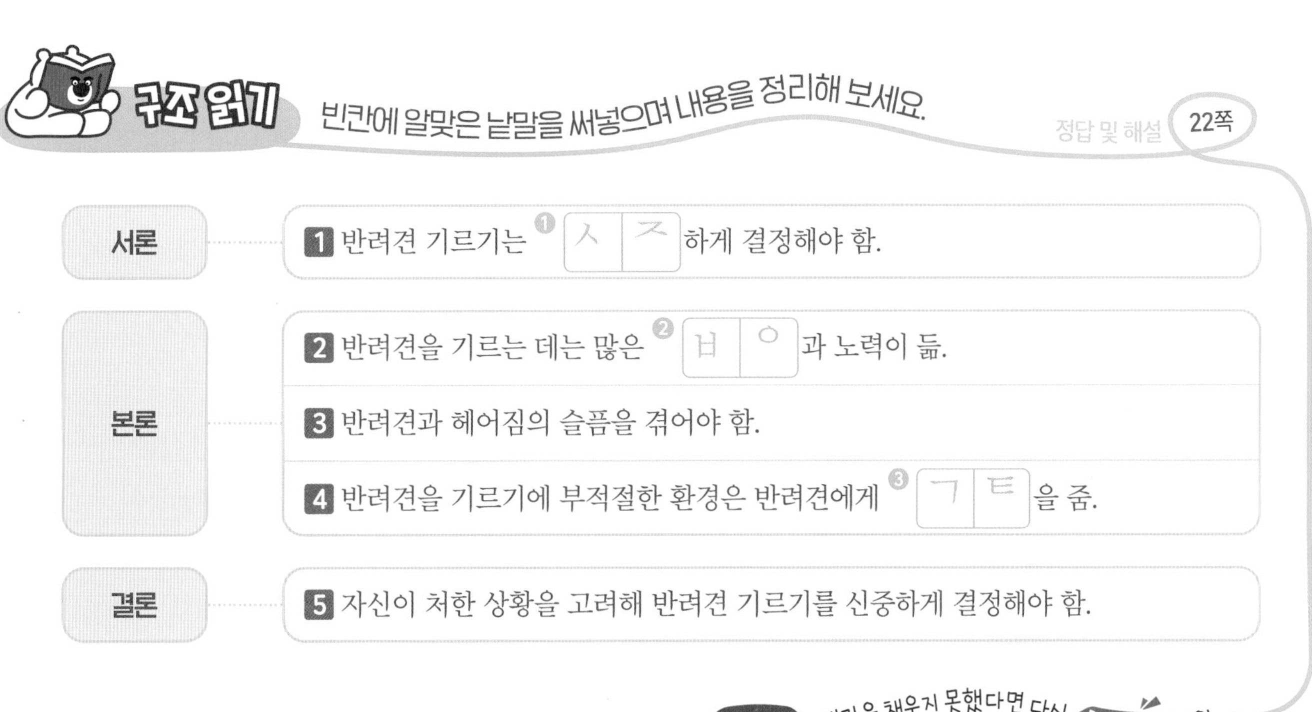

구조 읽기 빈칸에 알맞은 낱말을 써넣으며 내용을 정리해 보세요.

정답 및 해설 22쪽

서론	1 반려견 기르기는 ❶ ㅅ ㅈ 하게 결정해야 함.
본론	2 반려견을 기르는 데는 많은 ❷ ㅂ ㅇ 과 노력이 듦.
	3 반려견과 헤어짐의 슬픔을 겪어야 함.
	4 반려견을 기르기에 부적절한 환경은 반려견에게 ❸ ㄱ ㅌ 을 줌.
결론	5 자신이 처한 상황을 고려해 반려견 기르기를 신중하게 결정해야 함.

2회독 빈칸을 채우지 못했다면 다시 꼼꼼히 읽어요!

1 글쓴이의 주장으로 알맞은 것에 ○표 하세요.

(1) 정성 들여 반려견을 기르자. (   )
(2) 반려견 기르기를 신중하게 결정하자. (   )
(3) 반려견을 구입하지 말고 유기견을 입양하자. (   )

2 반려견을 기르는 데 드는 비용이 아닌 것은 무엇인가요? (   )

① 교육비
② 미용비
③ 진료비
④ 예방 접종비
⑤ 반려견 용품 구입비

3 1문단에서 제시한 문제 상황을 바르게 말한 사람은 누구인지 쓰세요.

도언: 보호자가 반려견이 죽을 때까지 기르는 경우는 얼마 되지 않는다는 문제 상황을 제시했어.
명주: 반려견을 어떻게 기를지 진지하게 고민하지 않고, 반려견 기르기를 쉽게 결정하는 사람들도 있다는 문제 상황을 제시했어.
현아: 가족이 모두 외출하고 혼자 있는 시간이 많은 반려견은 외로움을 심하게 느끼고 분리 불안까지 생길 수 있다는 문제 상황을 제시했어.

(   )

4 글쓴이가 제시한 근거와 그 근거를 뒷받침하는 내용을 선으로 연결하세요.

(1) 반려견과 헤어짐의 슬픔을 겪어야 한다. •
(2) 반려견을 기르는 데는 많은 비용과 노력이 든다. •
(3) 반려견을 기르기에 부적절한 환경은 반려견에게 고통을 준다. •

• ① 반려견을 매일 한두 시간씩 산책시켜야 한다.
• ② 반려견의 수명은 15년 내외이다.
• ③ 아파트에 사는 반려견은 실컷 짖거나 뛰지 못한다.

5 이 글의 내용을 바탕으로 다음 질문에 알맞게 답한 것에 ○표 하세요.

서현: 저희 집 반려견은 새벽 4시쯤 일어나서 시끄럽게 짖으며 잠을 못 자게 합니다. 이웃들에게 방해가 될까 봐 조용히 시키느라 저도 잠을 자지 못해 너무 고통스러워요. 또 방석을 모두 물어뜯고 솜까지 먹어서 병원에 다녀오기도 했습니다. 어떻게 하면 이 문제를 해결할 수 있을까요?

(1) 반려견을 기르는 데 부적절한 환경은 반려견에게 고통을 줘요. 조금 더 나은 환경이 있을지 생각해 보세요. (　　　　)

(2) 반려견 기르기는 신중하게 결정해야 해요. 이미 선택을 했으니 보호자와 반려견 모두 고통스럽더라도 끝까지 함께 지내세요. (　　　　)

6 **보기**에서 글쓴이의 주장을 뒷받침하기에 적절한 근거를 골라 기호를 쓰세요.

보기

㉠ 반려견을 기르는 사람의 두뇌 활동이 더 활발하다.
㉡ 반려견을 돌보며 심리적 고독감과 단절감을 낮출 수 있다.
㉢ 반려견을 기르면 심혈관 질환으로 사망할 확률이 줄어든다.
㉣ 반려견을 기르는 사람의 10~15% 정도가 천식, 비염 등의 알레르기 증상을 겪는다.

(　　　　　　)

내 생각을 자유롭게 쓰되, 그렇게 생각하는 이유를 분명히 밝혀야 해요.

7 반려견 기르기에 대한 내 생각과 그 이유를 써 보세요.

3
주차 에서 우리는

문해력 개념	긴 글 읽기 지문	공부한 날
말하는 이가 놓인 상황을 이해하며 시 감상하기	가 엄마 없는 밤 나 쥐구멍	월 일
낱말들의 포함 관계를 생각하며 글 읽기	연물명나방 애벌레의 집	월 일
글을 읽은 후에 글의 내용을 내 삶에 적용하거나 더 궁금한 점을 떠올리기	친환경 스마트 도시	월 일
회의의 의사 결정 과정을 살펴보며 글 읽기	'친구 사랑 주간'에 어떤 행사를 할까	월 일
이야기의 배경이 작품의 분위기와 인물의 감정에 주는 영향을 살펴보며 글 읽기	경성 기억 극장	월 일

11 시적 상황

* **뜀내기**: 누가 먼저 뛰어가나 하는 내기

시적 상황은 시에서 말하는 이가 놓인 환경을 나타내요. '비 내리는 아침 숲'이라는 말에서 '아침'이라는 시간과 '숲'이라는 공간을 통해 시적 상황을 그려 볼 수 있을 거예요. 시적 상황을 파악하면 말하는 이의 감정을 이해하고 시의 주제를 이해하기 쉬워요.

✦**시적 상황** 시에서 말하는 이가 처해 있는 상황

✦**시적 상황을 알 수 있는 말들**

- 시간적 상황: 아침, 밤, 새벽, 해 질 녘 등
- 공간적 상황: 산, 바다, 학교, 버스 정류장 등
- 작품 내의 특수한 상황: 특정 대상에서 어떠한 인상이나 느낌을 받는 상황을 나타낸 말

확인 문제를 풀어 보며 개념을 익혀요.

1~4 **다음 시를 읽고, 시적 상황을 알맞게 설명한 말에 ○표 하세요.**

1

촉촉한 봄비가 땅을 적시면
우리 집 화단에 꼭꼭 숨어 있던
어여쁜 꽃씨들 깨어나지요.
살며시 뾰족한 고개를 내밀지요.

촉촉한 (봄비, 서리)를 맞은 꽃씨가 (새싹, 눈꽃)을 틔우고 있습니다.

2

바람에 실려 오는 가을 향기
그윽한 가을 산이 우릴 부르네.

붉게 물든 단풍잎과 알록달록 등산복
함께 어우러져 가을 풍경 되었네.

사람들이 알록달록 등산복을 입고, (희게, 붉게) 물든 (가을 산, 겨울 산)을 오르고 있습니다.

3

모두가 잠든 밤
소리 없이
살금살금 도둑눈이 내린다.

까만 밤을 하얗게 밝히려나
하얗게 하얗게 온 마을을 뒤덮는다.

모두가 잠든 (낮, 밤)에 (우박, 도둑눈)이 내려 온 마을을 하얗게 뒤덮었습니다.

4

시원한 선풍기 밑에서
낮잠 좀 자려는데

맴 맴 맴 맴~
맴 매암 맴 맴~

못 자게 날 깨우는
여름 불청객

여름 (낮, 밤)에 시끄러운 (매미, 선풍기) 소리에 잠을 잘 수 없었습니다.

정답 1 봄비, 새싹 2 붉게, 가을 산 3 밤, 도둑눈 4 낮, 매미

내가 왔다
글 방주현

가 엄마 없는 밤

1회독

- 시간적 상황을 나타내는 말에 ○
- 공간적 상황을 나타내는 말에 〰
- 작품 내 특수한 상황을 나타낸 부분에 [ ]

㉠— 금방 올게.
다른 날보다 더 어둡고 깜깜한 밤

㉡— 조금 있으면 갈 거야.
집이 점점 커져서
내 방에서 화장실이 아주 멀어졌어

㉢— 먼저 자.
분침•처럼 느리게 걷는 **우렁찬**• **초침**• 소리에 잠이 오지 않아
밤은 아주 길어졌어

어느새 해가 떴지만
아직 밤이야
내 밤은 아주아주 길어졌거든
지금 나를 깨우는 엄마 목소리도 꿈처럼 들려

- **분침**(分 나눌 분, 針 바늘 침) 시계에서 분을 가리키는 긴 바늘.
- **우렁차다** 소리의 울림이 매우 크고 힘차다.
- **초침**(秒 초 초, 針 바늘 침) 시계에서 초를 가리키는 바늘.

나 쥐구멍

다른 학교 다니는 학원 친구가
김민호 아느냐고 물어보기에
우리 반 애라고 말했다
공부도 못하고,
행동도 느리고,
존재감• 없는 애라고,
그런데 학원 친구가 말했다
걔가 너 진짜 좋은 친구라고 하더라!

• **존재감**(存 있을 존, 在 있을 재, 感 느낄 감) 사람, 사물, 느낌 따위가 실제로 있다고 생각하는 느낌.

구조 읽기 빈칸에 알맞은 낱말을 써넣으며 내용을 정리해 보세요.

정답 및 해설 24쪽

엄마 없는 밤

- 1연: ❶ [ㅇ][ㅁ] 없는 밤은 더 어둡고 깜깜함.
- 2연: 시간이 지날수록 집이 점점 커지고 화장실은 아주 멀게 느껴짐.
- 3연: 시계 초침 소리에 잠이 오지 않고, ❷ [ㅂ]은 아주 길게 느껴짐.
- 4연: ❸ [ㅇ][ㅊ]이 되어 엄마가 '나'를 깨우지만 '나'는 아직도 긴 밤에서 깨지 못하고 있음.

쥐구멍

- 1~2행: ❹ [ㅎ][ㅇ] 친구가 김민호 아느냐고 물어봄.
- 3~6행: 우리 반 애, 공부도 못하고, 행동도 느리고, 존재감 없는 애라고 답함.
- 7~8행: 민호가 '나'를 진짜 좋은 ❺ [ㅊ][ㄱ]라고 했다는 말을 들음.

2회독 빈칸을 채우지 못했다면 다시 꼼꼼히 읽어요!

1 ㉠~㉢에 대한 설명으로 알맞은 것은 무엇인가요? (　　　　)

① 엄마가 한 말이다.　　② 아빠가 한 말이다.
③ 친구가 한 말이다.　　④ 자신이 한 혼잣말이다.
⑤ 엄마에게 듣고 싶은 말이다.

2 시 **나**에서 말하는 이가 '김민호'에 대해 한 말로 알맞지 <u>않은</u> 것은 무엇인가요? (　　　　)

① 우리 반 애다.　　② 공부를 못한다.
③ 행동이 느리다.　　④ 존재감이 없다.
⑤ 진짜 좋은 친구이다.

개념의 적용

3 시 **가**와 시적 상황이 비슷한 시에 ○표 하세요.

(1)

혼자 놀던 놀이터에
우루루 나타난 친구들

미끄럼틀에선
신나는 추격전이 벌어지고

누가 높이 오르나
그네 타기 경쟁도 벌인다.

(　　　　)

(2)

너를 기다리는 오후
시간은 더디게만 흐른다.

이제 올까? 언제 오나?
자꾸만 문을 향하는 눈길

저 문이 열리면
지루한 기다림도 끝날 텐데.

(　　　　)

4 시 **가**와 **나**에 대한 설명으로 알맞지 <u>않은</u> 것은 무엇인가요? (　　　　)

① 시 **가**의 '나'는 엄마 없이 혼자 밤을 보내는 상황이다.
② 시 **가**의 엄마는 '나'에게 먼저 자라고 말씀하셨다.
③ 시 **나**에서 '나'는 학원 친구에게 다른 친구의 흉을 보았다.
④ 시 **나**에서 학원 친구는 '나'에게 김민호를 아는지 물어보았다.
⑤ 시 **나**의 '나'는 학원에서 같은 반 친구를 만나 이야기를 나누었다.

5 시 가에서 시간이 어떻게 바뀌었는지 알맞은 것에 ○표 하세요.

(1) 낮 → 밤 (   )

(2) 밤 → 아침 (   )

(3) 아침 → 저녁 (   )

(4) 새벽 → 아침 (   )

6 시 나의 제목이 '쥐구멍'인 이유를 알맞게 짐작한 친구의 이름을 쓰세요.

은수: 쥐가 쥐구멍에 들어가면 편히 쉴 수 있듯이 '나'에게는 학원이 편안한 곳이기에 '쥐구멍'이라는 제목을 붙인 거야.

현우: '쥐구멍에도 볕 들 날 있다.'라는 속담처럼 '나'에게도 좋은 말을 해 주는 친구가 드디어 생겼다는 뜻으로 제목을 '쥐구멍'이라고 한 거야.

지원: '나'는 민호에 대해 함부로 이야기했는데, 민호가 '나'를 좋은 친구라고 말한 것을 알고 쥐구멍에 숨고 싶을 만큼 부끄러워서 제목을 '쥐구멍'이라고 한 거야.

(   )

부끄러운 감정을 느꼈던 기억을 떠올려 시로 표현해 보세요.

7 시 나의 말하는 이와 비슷한 감정을 느꼈던 기억을 떠올려 시를 써 보세요.

제목: 쥐구멍

12 낱말들의 관계 – 상위어와 하위어

글을 읽을 때에 상위어와 하위어의 관계를 잘 알면, 내용을 쉽게 이해할 수 있어요. 상위어는 하위어를 묶어 주는 말로, 글에 나타난 비슷한 내용을 간단하게 정리해 주지요. 상위어와 하위어는 고정된 것이 아니며, 어떤 낱말은 상위어이면서 동시에 하위어가 될 수 있어요.

- **낱말의 상하 관계** 한 낱말의 의미가 다른 낱말의 의미를 포함하거나 다른 의미에 포함되는 관계
- **상위어(포함하는 말)** 일반적이고 포괄적인 뜻이 있는 낱말. 상하 관계의 낱말 중에 다른 낱말을 포함하는 낱말
- **하위어(포함되는 말)** 구체적이고 자세한 뜻이 있는 낱말. 상하 관계의 낱말 중 다른 낱말에 포함되는 낱말

확인 문제를 풀어 보며 개념을 익혀요.

1~2 **밑줄 친 낱말을 상위어와 하위어의 관계에 맞게 빈칸에 쓰세요.**

땅속 깊은 곳에 있던 마그마가 지표면으로 분출하여 생긴 지형을 화산이라고 합니다. 우리나라의 화산에는 백두산, 한라산, 울릉도 등이 있습니다.

2

고래와 상어는 비슷해 보이지만, 종류가 다릅니다. 고래는 새끼를 낳아 젖을 먹이고 폐로 호흡하는 동물입니다. 사자, 판다와 같은 포유류에 속하지요. 이와 달리 상어는 알을 낳으며, 아가미를 통해 호흡하는 금붕어, 잉어와 같은 어류에 속합니다.

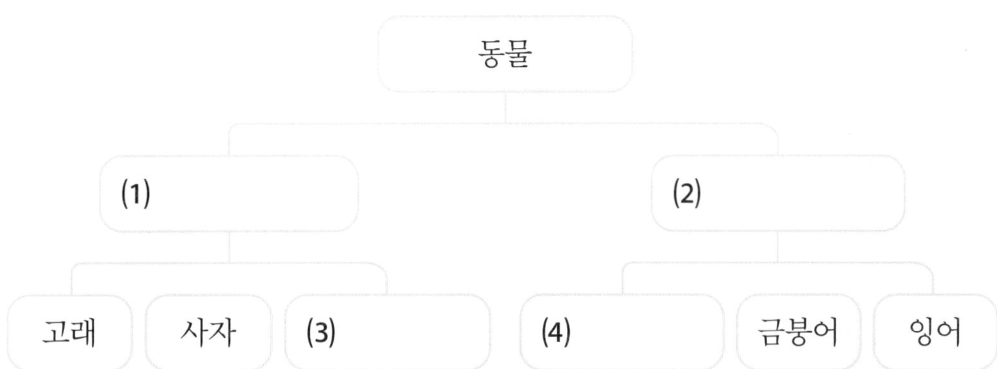

정답 1 (1) 화산 (2) 백두산 (3) 한라산 (4) 울릉도 2 (1) 포유류 (2) 어류 (3) 판다 (4) 상어

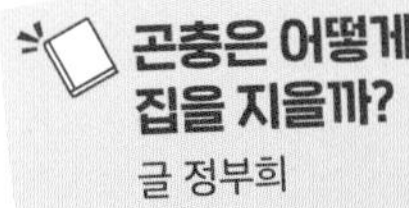

곤충은 어떻게 집을 지을까?
글 정부희

연물명나방 애벌레의 집

1회독

'노랑어리연꽃'의 상위어에 ○
'곤충'의 하위어에 〰
'연물명나방 애벌레'의 집을 나타내는 표현에 [ ]

6월 말이 되니 시원한 초여름 바람이 뺨을 살랑살랑 스치고 지나가요. 기분 좋게 곤충들을 만나러 연못으로 갔습니다. 연못에 고인 물은 아침 햇살을 받아 반짝반짝 **어여쁘게**° 빛이 나네요. 해맑은 연못에는 샛노란 노랑어리연꽃이 곱게 피어났어요.

연못가에 앉으니 물속 세상이 훤히 들여다보입니다. 그런데 어찌 된 일인지 노랑어리연꽃 잎 한 귀퉁이가 가위로 오린 듯이 잘려 나갔네요. 동그랗게 오려 낸 솜씨가 **예사롭지**° 않아요. 옆에 있는 잎사귀도 어른 손톱만 하게 오려져 나갔어요.

도대체 누가 오렸을까요? 주인공은 물 위에 사는 아기 벌레, 연물명나방 애벌레예요. 이제부터 연물명나방 애벌레를 만나 볼까요?

연못 물 위에 떠 있는 노랑어리연꽃

샛노란 꽃을 피우는 노랑어리연꽃은 물에서만 사는 물풀이에요. 식물이나 곤충 이름에 '어리'라는 말이 들어갈 때가 가끔 있습니다. '어리'라는 말은 '닮았다'라는 뜻이에요. [㉠] 하지만 실제로는 연꽃과 노랑어리연꽃은 가까운 친척이 아니에요. 연꽃은 수련과에 속하는 풀이지만, 노랑어리연꽃은 조름나물과에 속하는 풀이거든요. 연꽃은 잎이 **물낯**° 위로 높이 올라오지만, 노랑어리연꽃 잎은 늘 물 위에 둥둥 떠 있습니다. 뿌리는 물 밑바닥 진흙 속에 박혀 있지요. 얕은 물속에서 얼마나 잘 자라는지 여름 **들머리**°가 되면 연못 물낯을 온통 뒤덮어요. 잎사귀는 달걀처럼 갸름한데 기름기가 자르르 흐르죠.

▲ 노랑어리연꽃

노랑어리연꽃 잎이 연못 물낯에 쫙 깔리면 가장 신나는 곤충은 아기 연물명나방 애벌레예요. 노랑어리연꽃 잎은 아기 연물명나방 애벌레에게는 가장 좋은 집이거든요.

- **어여쁘다** '예쁘다'를 예스럽게 이르는 말.
- **예사**(例 법식 례, 事 일 사)**롭다** 흔히 있거나 일어날 만하다.
- **물낯** 물의 겉면. 수면.
- **들머리** 들어가는 맨 첫머리.

잎을 접어 만든 집

연못가에 앉아 노랑어리연꽃 잎을 꼼꼼히 들여다보세요. 혹시 잎 위에 손톱만 한 잎사귀 조각을 붙여 놓은 것이 보이나요? 그래요. 그게 바로 아기 연물명나방 애벌레가 사는 집이에요. 연물명나방 애벌레는 좀처럼 집 밖으로 나오지 않습니다. 괜히 밖으로 나왔다가 하늘을 날아다니는 잠자리나 잎사귀 위를 돌아다니는 거미에게 잡아먹힐 수 있기 때문이지요.

연약한 아기 연물명나방 애벌레는 어른이 될 때까지 애벌레 시절 내내 노랑어리연꽃 잎 위에서 물 위를 떠다니며 살아야 해요. 집 속에 있으면 비가 내려도, 햇볕이 뜨겁게 내리쬐어도, 잠자리와 거미가 **호시탐탐**• 노려도 안전하게 피할 수 있어서 참 좋습니다.

• **호시탐탐**(虎 범 호, 視 볼 시, 眈 노려볼 탐, 眈 노려볼 탐) 범이 눈을 부릅뜨고 먹이를 노려본다는 뜻으로, 남의 것을 빼앗기 위하여 상황을 살피며 가만히 기회를 엿봄. 또는 그런 모양.

빈칸에 알맞은 낱말을 써넣으며 내용을 정리해 보세요.

정답 및 해설 26쪽

초여름 연못에서 ❶ [ㅇ][ㅁ][ㅁ][ㄴ][ㅂ] 애벌레가 노랑어리연꽃의 잎 한 귀퉁이를 잘라 냄.

노랑어리연꽃은 ❷ [ㅇ][ㄲ] 과 닮았다고 해서 붙여진 이름이지만 실제로는 연꽃과 가까운 친척이 아님.

연물명나방 애벌레는 노랑어리연꽃의 ❸ [ㅇ] 위에 손톱만 한 잎사귀 조각을 붙여 집을 짓고 어른이 될 때까지 살아감.

2회독 빈칸을 채우지 못했다면 다시 **꼼꼼히** 읽어요!

1 노랑어리연꽃에 대한 설명으로 알맞지 않은 것은 무엇인가요? (   )

① 얕은 물속에서 잘 자란다.
② 조름나물과에 속하는 풀이다.
③ 잎사귀가 달걀처럼 갸름하다.
④ 잎이 물낯 위로 높이 올라온다.
⑤ 뿌리는 물 밑바닥 진흙 속에 박혀 있다.

2 연물명나방 애벌레가 집을 짓는 곳에 ○표 하세요.

(1) 물속 식물의 줄기 (   )
(2) 물속의 돌멩이나 바위 위 (   )
(3) 물 위에 떠 있는 식물의 잎 (   )

3 다음 글에서 '물풀'의 상위어를 찾아 (1)에, '물풀'의 하위어를 찾아 (2)에 쓰세요.

샛노란 꽃을 피우는 노랑어리연꽃은 물에서만 사는 물풀이에요. 식물이나 곤충 이름에 '어리'라는 말이 들어갈 때가 가끔 있습니다.

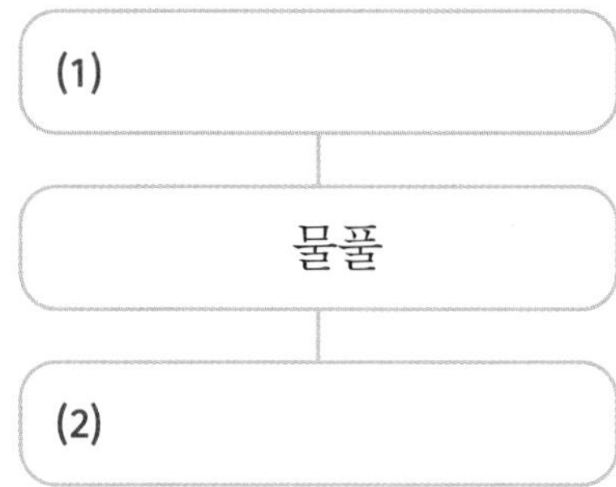

4 다음 글에서 '곤충'의 하위어를 모두 찾아 쓰세요.

연물명나방 애벌레는 좀처럼 집 밖으로 나오지 않습니다. 괜히 밖으로 나왔다가 하늘을 날아다니는 잠자리나 잎사귀 위를 돌아다니는 거미에게 잡아먹힐 수 있기 때문이지요.

곤충

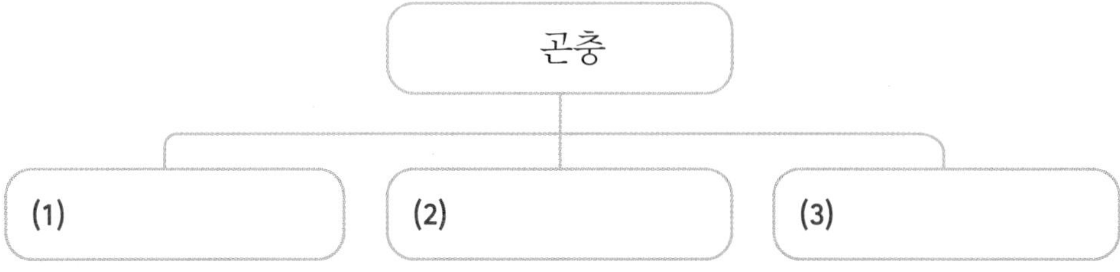

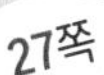

5 ㉠에 들어갈 내용으로 가장 알맞은 것의 기호를 쓰세요.

① 노랑어리연꽃은 연꽃보다 꽃의 크기가 작아요.
② 노랑어리연꽃처럼 연꽃도 노란색 꽃잎을 가진 것이 있어요.
③ 노랑어리연꽃은 연꽃의 모습과 닮았다고 해서 붙은 이름이에요.

( )

6 이 글을 읽고 연물명나방 애벌레의 집을 알맞게 떠올린 그림에 ○표 하세요.

(1) 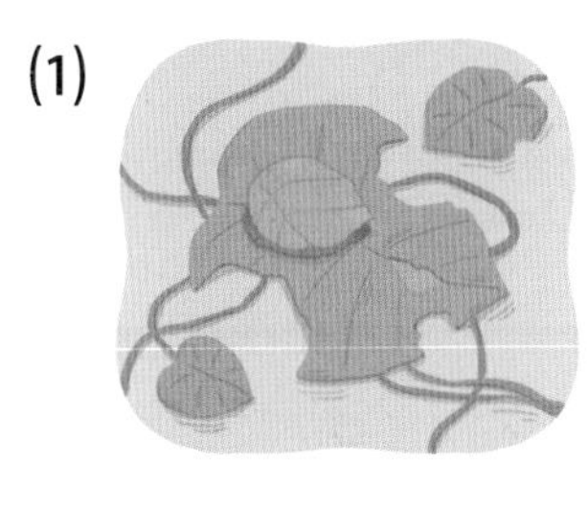 ( )

(2)  ( )

(3) ( )

꽃, 과일, 나라 등 상위어를 먼저 떠올린 뒤, 그 하위어들을 떠올려 보세요.

7 상위어 한 가지와 하위어 세 가지를 넣어 짧은 글을 써 보세요.

13 글을 읽은 후에 질문하기

글을 읽은 후 글의 내용을 내 삶에 적용하거나 더 궁금한 점을 떠올려 질문을 만들 수 있어요. 글의 내용을 바탕으로 스스로 질문하고 답을 찾으면, 글의 내용을 깊이 이해할 수 있는 것은 물론이고 능동적으로 생각하는 힘을 기를 수 있어요.

글을 읽고 떠올릴 수 있는 질문들

- 읽은 내용을 나의 삶 또는 내가 속한 사회와 관련짓는 질문
  - 예 글의 내용을 내 삶에 적용해 보면 어떨까?
- 읽은 내용과 관련해 더 궁금한 점을 묻는 질문
  - 예 글에 나온 사례와 비슷한 사례가 또 있을까?

개념 확인

확인 문제를 풀어 보며 개념을 익혀요.

1 다음 글을 읽은 후에 떠올릴 수 있는 질문으로 알맞은 것을 선으로 이으세요.

(1) 매운 마라탕으로 식사를 한 뒤, 달콤한 탕후루를 디저트로 먹는 것이 유행하면서 '마라탕후루'라는 말이 생겨났다. •

(2) '프리퀄'은 영화, 동화 등의 작품에서 원작보다 앞선 시간의 이야기를 다루는 속편을 뜻한다. •

• ① 원작보다 앞선 시점의 이야기가 왜 먼저 나오지 않고 속편으로 나올까?

• ② 매운맛과 단맛의 조합이 사람들에게 인기 있는 이유가 무엇일까?

2 다음 글을 읽은 후, 글의 내용과 관련해 더 궁금한 점을 떠올린 질문에 모두 ○표 하세요.

발야구는 야구와 유사하지만, 발을 이용하여 점수를 낸다. 두 팀으로 나누어 경기를 진행하며, 보통 한 팀당 9명의 선수로 구성된다. 투수가 공을 굴려 주면 타자는 발로 공을 차야 한다. 타자가 공을 성공적으로 차서 1루, 2루, 3루 베이스를 차례로 밟고 마지막으로 홈 베이스를 밟으면 1점을 얻는다.

(1) 발야구는 몇 팀으로 나뉘어 경기를 하나요? (　　　)

(2) 발야구를 하기 위해 더 알아야 할 규칙은 없나요? (　　　)

(3) 발야구에서는 어떻게 해야 점수를 얻을 수 있나요? (　　　)

(4) 발야구의 심판은 야구의 심판과 어떻게 다른가요? (　　　)

(5) 발야구를 할 때 발생할 수 있는 안전사고에는 어떤 것이 있나요? (　　　)

정답 1 (1) ② (2) ① 2 (2) ○ (4) ○ (5) ○

친환경 스마트 도시

1회독
중심 글감에 ○
중심 글감의 특징에 〰
특징을 설명하는 사례에 [ ]

현대 사회는 기후 변화와 자원 고갈과 같은 문제뿐 아니라 교통 혼잡, 주차 공간 부족 등 여러 가지 도시 문제를 겪고 있다. 이러한 문제를 해결할 수 있는 방법 중 하나로 주목받고 있는 것이 '친환경 스마트 도시'이다. 친환경 스마트 도시란 최신 기술을 활용하여 우리 삶을 안전하고 편리하게 만드는 동시에 환경을 보호하며 ㉮지속 가능한 발전을 추구하는 도시를 말한다.

친환경 스마트 도시의 특징은 다음과 같다. 첫째, 이 도시는 ㉠**실시간**으로 수집한 데이터를 바탕으로 도시를 효율적으로 쾌적하게 관리한다. 한 예로 스마트 쓰레기통을 들 수 있다. 동네마다 놓인 쓰레기 수거함에 쓰레기가 가득 차면 자동으로 수거를 요청한다. 그러면 인공 지능 로봇이 쓰레기를 수거한 후 쓰레기에 섞여 있는 재활용품을 분리배출하고 일반 쓰레기를 처리한다. 또 다른 예는 스마트 교통 시스템이다. 인공 지능이 도로 곳곳에 있는 **센서**와 카메라를 통해 차량 흐름을 분석하여, 교통이 원활하도록 신호등을 조절한다. 또한 운전자는 도로 상황을 실시간으로 전달받으며 최적의 경로를 추천받을 수 있다.

둘째, 이 도시는 에너지를 효율적으로 관리한다. 이전에는 전기 사용량을 미리 예측하기 어려워 너무 많은 양의 전기를 생산하는 경우가 있었다. 그러나 친환경 스마트 도시에서는 사람들이 에너지를 많이 사용하는 시간대를 분석하여 에너지 양을 적절히 공급한다. 또한 에너지는 대부분 태양열, 지열 등의 재생 에너지원을 사용함으로써 온실가스를 덜 내보내고 기후 위기에 대응할 수 있다.

마지막으로, 이 도시는 시민들에게 다양한 ㉡**맞춤형** 서비스를 제공하여 시민들이 편안하게 생활할 수 있도록 돕는다. 의료 면에서, 사람들은 전자 의료 기록을 통해 건강과 관련된 정보를 얻을 수 있다. 또한 원격 진료와 스마트 기기를 통해 가정에서도 의료 서비스를 받을 수 있다. 교육 면에서, 학생들은 인공 지능을 통해 개개인의 학습 습관을 분석한 학습법을 제공받을 수 있다. 문화 면에서는 **디지털 콘텐츠**를 활용하여 역사 자료나 예술 작품에 쉽게 접근할 수 있다. 이처럼 다양한 분야에서 시민들

- **실시간**(實 열매 실, 時 때 시, 間 사이 간) 실제 흐르는 시간과 같은 시간.
- **센서**(sensor) 소리·빛·온도·압력 등을 감지하는 기계.
- **맞춤형**(맞춤, 型 거푸집 형) 요구나 취향, 필요에 맞추어 이루어지는 형식.
- **디지털 콘텐츠**(digital contents) 디지털 방식으로 제작, 처리, 유통하는 자료나 정보.

은 필요한 서비스를 제공받아 편리한 삶을 누릴 수 있다.

친환경 스마트 도시는 최신의 기술로 도시를 쾌적하고 안전하게 관리하며, 에너지 소비와 탄소 배출을 최소화하여 환경 문제에 대응하는 것을 목표로 한다. 또한 개개인에게 맞춤형 서비스를 제공함으로써 삶의 만족도를 높인다. 편리하고 안전하며 친환경적인 이 최신의 도시는 지구와 인간을 함께 만족시킬 수 있는 미래 도시의 ㉢ **청사진**이 되고 있다.

• **청사진**(靑 푸를 청, 寫 베낄 사, 眞 참 진) 미래에 대한 희망적인 계획이나 구상.

빈칸에 알맞은 낱말을 써넣으며 내용을 정리해 보세요. 정답 및 해설 28쪽

친환경 ❶ ㅅ ㅁ ㅌ 도시는 도시 문제를 해결할 수 있는 방법 중 하나로 주목받고 있음.

친환경 스마트 도시의 특징	• 첫째, 실시간으로 수집한 데이터를 바탕으로 도시를 효율적으로 쾌적하게 관리함. • 둘째, 에너지를 효율적으로 관리함. • 셋째, 다양한 맞춤형 서비스를 제공하여 시민들의 생활을 편리하게 만들어 줌.

친환경 스마트 도시는 지구와 인간을 모두 만족시킬 수 있는 ❷ ㅁ ㄹ 도시의 청사진이 되고 있음.

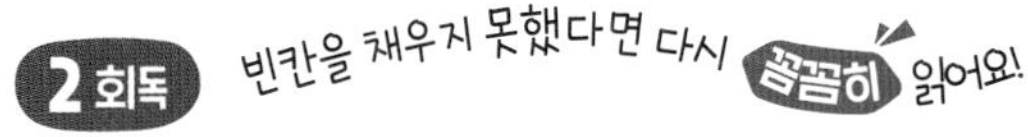

1 '친환경 스마트 도시'의 모습으로 알맞지 않은 것은 무엇인가요? (　　　　)

① 의료 서비스를 제공받으려면 의사를 직접 만나야 한다.
② 센서, 인공 지능 등의 최신 기술을 도시 관리에 활용한다.
③ 가정에서 디지털 콘텐츠를 활용해 미술 작품을 감상한다.
④ 에너지 공급량을 적절히 조절하여 에너지 낭비를 줄인다.
⑤ 인공 지능이 학생들의 개별 학습 습관을 분석하여 학습법을 알려 준다.

2 ㉠~㉢의 뜻이 문장의 의도에 맞지 않은 것에 ×표 하세요.

(1) ㉠ '실시간'은 오랜 시간 동안 모은 데이터를 분석하여 도시를 관리한다는 것을 나타내기 위해 쓴 말이야. (　　　　)
(2) ㉡ '맞춤형'은 사람들이 각자 원하는 것에 맞춰 서비스를 제공한다는 것을 드러내기 위해 쓴 말이야. (　　　　)
(3) ㉢ '청사진'은 친환경 스마트 도시가 지구와 인간을 함께 만족시킬 수 있는 희망찬 미래 도시라는 것을 표현하기 위해 쓴 말이야. (　　　　)

개념의 적용

3 이 글을 읽은 후 나의 삶이나 내가 속한 사회와 관련지어 떠올린 질문에 ○표 하세요.

(1) 친환경 스마트 도시에서는 주로 어떤 에너지를 사용할까? (　　　　)
(2) 친환경 스마트 도시가 우리 동네의 주차 문제도 해결해 줄 수 있을까? (　　　　)
(3) 친환경 스마트 도시가 시민들에게 제공하는 맞춤형 서비스에는 무엇이 있을까? (　　　　)

4 이 글을 읽은 뒤에 떠올릴 수 있는 질문으로 알맞은 것에 ○표 하세요.

(1) 도하: 친환경 스마트 도시는 어떻게 에너지 공급량을 예측할 수 있을까? (　　　　)
(2) 채은: 여행지로서 전 세계에서 가장 인기 있는 도시는 어디이며, 그 이유는 무엇일까? (　　　　)

5 **보기**의 밑줄 친 부분에 해당하는 사례가 아닌 것은 무엇인가요? (   )

> **보기**
>
> ‘친환경 스마트 도시’는 과학 기술이 발전하면서 나타날 수 있는 문제들을 최소화하는 방향으로 발전시켜야 한다.

① 도시를 유지하기 위해 많은 전력을 사용해야 한다.
② 주민들에 대한 정보를 빼돌려 범죄에 이용할 수 있다.
③ 기술적 장애나 고장이 생기면 도시의 시스템 전체가 멈출 수 있다.
④ 가난하거나 나이 든 사람들은 최신 기술을 잘 다루지 못할 수 있다.
⑤ 노인 인구가 증가하여 노인들을 돌보는 인력이 많이 필요할 수 있다.

6 ㉮ ‘지속 가능한 발전’과 관련이 없는 것의 번호를 쓰세요.

① 전기 자동차는 탄소 배출을 줄여 도시의 대기 오염을 줄인다.
② 기업들이 분해가 가능한 물질로 플라스틱 대체 용기를 개발하려고 노력한다.
③ 가난한 나라에 식량을 지원하기 위해 농약을 사용해 대규모로 농사를 짓는다.

(   )

친환경 스마트 도시의 모습을 자유롭게 상상하여 써 보세요.

7 아래의 질문 중 하나를 골라 자신의 생각을 써 보세요.

(1) 친환경 스마트 도시의 교통수단은 어떤 모습일까?
(2) 친환경 스마트 도시의 집은 지금 우리 집의 모습과 어떻게 다를까?
(3) 친환경 스마트 도시에서의 학교생활은 지금 나의 학교생활과 어떻게 다를까?

14 회의의 특징

개념 사전

회의는 여러 사람이 모여 어떤 일에 대한 의견을 나눈 후 의사 결정을 내리는 말하기예요. 따라서 회의하는 글을 읽을 때는 참여자들이 낸 의견을 정리하고 어떤 과정을 거쳐 최종적으로 의견이 선정되는지를 살펴봐야 해요.

회의 절차 개회 – 주제 선정 – 주제 토의 – 표결 – 결과 발표 – 폐회

참여자의 역할

- 사회자: 회의 참여자들이 공평하게 의견을 말할 수 있도록 규칙을 제시하고, 절차에 맞게 진행함.
- 회의 참여자: 주제에 맞는 의견을 발표하고 다른 사람의 의견을 주의 깊게 들음.
- 기록자: 회의 날짜, 시간, 장소와 중요한 내용을 요약해서 기록함.

확인 문제를 풀어 보며 개념을 익혀요.

1 회의에 참여하는 사람들의 역할에 알맞게 선으로 이으세요.

(1) 회의 주제를 말하고 회의 절차에 맞게 진행합니다. • • ㉠ 기록자

(2) 회의 주제에 대한 의견을 발표합니다. • • ㉡ 사회자

(3) 회의의 날짜 및 시간과 장소를 기록하고, 회의 내용도 정리합니다. • • ㉢ 회의 참여자

2 주제에 알맞지 않은 의견을 말한 회의 참여자에 ×표 하세요.

사회자: 지금부터 학급 문고 사용에 대한 우리 반 규칙을 정하도록 하겠습니다.
회의 참여자 1: 가위바위보로 학급 문고를 이용하는 사람들의 순서를 정하면 좋겠습니다.
회의 참여자 2: 학급 문고 뒤에 대출 일지를 붙이고, 대출받은 사람이 자유롭게 이름을 쓰고 빌리도록 하면 좋겠습니다.
회의 참여자 3: 학급 문고에 만화책도 넣으면 좋겠습니다.

(1) 회의 참여자 1 (　　　　)
(2) 회의 참여자 2 (　　　　)
(3) 회의 참여자 3 (　　　　)

정답 1 (1) ㉡ (2) ㉢ (3) ㉠　2 (3) ×

'친구 사랑 주간'에 어떤 행사를 할까

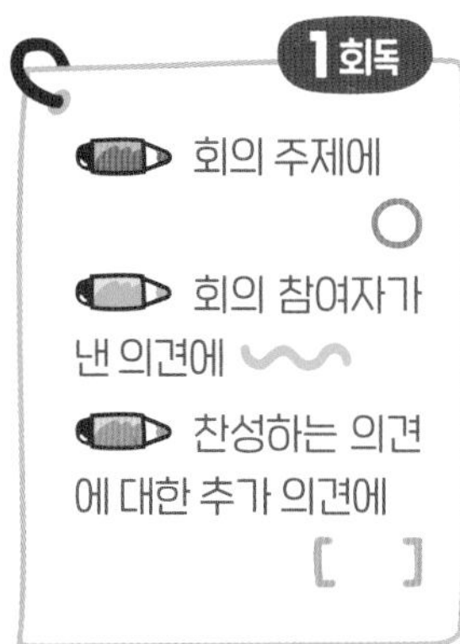

사회자: 오늘 회의에서는 다음 주에 있을 '친구 사랑 주간'에 우리 반에서 진행할 행사를 결정하겠습니다. 의견이 있으신 분은 발표해 주십시오.

정성운: 저는 친구 사랑 동아리 행사를 하면 좋겠습니다. 우리 반 친구들은 각자 동아리 활동을 하고 있으므로 동아리 특성에 맞는 친구 사랑 행사를 하면 재미있을 것 같습니다. 예를 들어 그림 그리기 동아리에서는 친구 얼굴을 그리고, 피구 동아리에서는 친한 친구와 짝 피구를 하는 것이지요.

김은지: 좋은 의견이지만, 동아리 활동은 다른 반 학생들과 함께하는 것이므로 우리 반 행사로는 적절하지 않습니다. 저는 친구 사랑 **캠페인**˚을 하면 좋겠습니다. 학생들에게 친구 사랑의 중요성을 알리고, 친구 사랑 **포스터**˚를 직접 제작하여…….

정성운: 그건 작년에 3학년 전체가 했던 행사잖아. 또 하면 재미없을 거야.

사회자: 정성운 학생은 [㉮] 김은지 학생은 계속 말씀해 주세요.

김은지: 네, 작년 친구 사랑 캠페인에서 포스터를 제작하여 전시했을 때 반응이 좋았던 것으로 기억합니다. 올해는 전시된 포스터 밑에 관람한 친구들이 **지지**˚나 응원의 댓글을 달아 주는 방식을 추가해서 진행하면 좋겠습니다.

사회자: 네, 잘 들었습니다. 또 다른 의견이 있으신가요?

강소라: 저는 친구 사랑 사진전을 열면 좋겠습니다. 친한 친구와 재미있는 사진을 찍는 것이 요즘 친구들 사이에서 유행하는 활동입니다. 스마트폰으로 사진을 찍은 후 인화하는 것도 어렵지 않습니다. 함께 사진을 찍으며 우정을 **돈독히**˚ 하고, 마음에 드는 사진을 골라 전시하며 좋은 추억을 만들 수 있을 것입니다.

이현우: 저도 강소라 학생의 의견에 찬성합니다. 포스터를 그리는 활동은 아무래도 그림을 잘 그리는 학생들이 주도적으로 참여하게 됩니다. 그림에 자신이 없는 학생은 참여하고도 괜히 마음이 불편할 수 있어요. 그에 비해 친구 사랑 사진전은 부담 없이 친구와 사진을 찍으면서 친해

- **캠페인**(campaign) 주로 사회적, 정치적 목적을 위하여 대중을 상대로 조직적으로 펼치는 운동.
- **포스터**(poster) 일정한 내용을 상징적인 그림과 간단한 글로 나타내어 사람들의 눈에 많이 띄는 곳에 붙이는 광고물.
- **지지**(支 지탱할 지, 持 가질 지) 어떤 사람이나 단체 등이 내세우는 주의나 의견 등에 찬성하고 따름.
- **돈독**(敦 도타울 돈, 篤 도타울 독)**히** 믿음, 의리, 인정 등이 깊고 성실하게.

질 수 있는 활동입니다. 전시한 사진 중에 가장 멋진 사진을 골라 선물을 나눠 주면 더 흥미로울 것 같습니다.

최태윤: 저도 친구 사랑 사진전이 좋다고 생각합니다. 그런데 사진을 찍기 싫어하거나 함께 찍을 사람이 없어서 **소외되는**• 친구가 있을 것 같습니다. 사진 찍기 싫어하는 친구를 위해 소품을 활용할 수 있게 하면 좋겠습니다. 또한 소외되는 친구가 없도록 모둠을 잘 구성해야 할 것입니다.

사회자: 네, 의견 감사합니다. 또 다른 의견이 있습니까? 다른 의견이 없으면 ㉠ 지금까지 나온 의견 중에서 우리 반이 진행할 행사를 결정하겠습니다.

• **소외(疏 트일 소, 外 바깥 외)되다** 무리에 끼지 못하고 따돌림을 당하여 멀어지다.

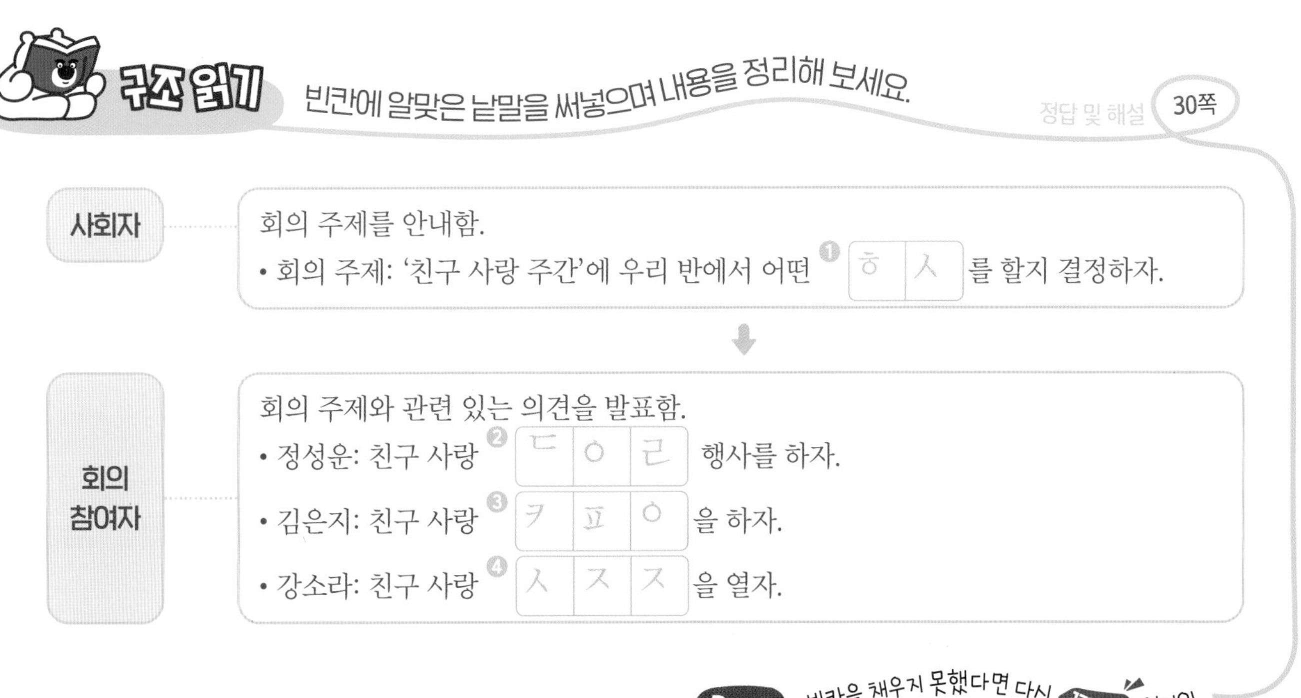

1 이 회의의 주제는 무엇인지 빈칸에 알맞은 말을 쓰세요.

'친구 사랑 주간'에 [ ][ ] [ ]에서 진행할 [ ][ ]

2 친구들이 낸 의견을 바르게 이해하지 <u>못한</u> 것을 골라 번호를 쓰세요.

① 정성운 학생은 우리 반 친구들은 각자 동아리 활동을 하고 있으므로 동아리 특성을 살린 행사를 하자는 의견을 냈다.
② 김은지 학생은 작년에 했던 친구 사랑 캠페인에 새로운 방식을 추가해서 진행하자는 의견을 냈다.
③ 강소라 학생은 친구들은 누구나 사진 찍는 것을 좋아하므로 친구 사랑 사진전을 열자는 의견을 냈다.

( )

3 회의의 상황을 바르게 이해하지 <u>못한</u> 것은 무엇인가요? ( )

① 사회자는 회의 주제를 안내하였다.
② 참여자들은 학급의 일을 어떻게 할지 의논하고 있다.
③ 정성운, 김은지, 강소라 학생은 어떤 행사를 할지 각자 의견을 말했다.
④ 이현우 학생은 다른 참여자가 말한 의견에 찬성하며 추가 의견을 냈다.
⑤ 최태윤 학생은 다른 참여자가 말한 의견에 반대하며 그 이유를 말했다.

4 ㉠에 해당하는 회의 절차는 무엇인가요? ( )

①	개회	회의의 시작을 알립니다.
②	주제 선정	회의의 주제를 정합니다.
③	주제 토의	회의 주제에 대한 의견을 듣습니다.
④	표결	회의에서 나온 의견 가운데 실천 내용을 결정합니다.
⑤	결과 발표	회의에서 결정된 내용을 말합니다.
⑥	폐회	회의의 마침을 알립니다.

5 ㉯에 들어갈 알맞은 말에 ○표 하세요.

(1) 주제와 관련 있는 의견을 제시해 주십시오. (　　　　)

(2) 다른 사람의 의견을 존중하며 끝까지 들어 주십시오. (　　　　)

(3) 다른 사람의 의견을 존중하여 반대 의견은 말하지 마십시오. (　　　　)

6 회의에서 결정된 의견에 따라 '친구 사랑 사진전'을 하려고 합니다. 다음 중 알맞은 내용을 모두 골라 번호를 쓰세요.

> 친구 사랑 사진전
>
> • 언　제: ① 친구 사랑 주간
> • 어디서: 우리 반, 강당, 운동장
> • 누　가: ② 4학년 동아리 친구들
> • 어떻게: ③ 친구들과 재미있게 사진을 찍습니다.
> ④ 소품은 활용할 수 없습니다.
> ⑤ 같이 사진을 찍는 모둠은 친한 친구들끼리 구성합니다.
> • 참고 사항: ⑥ 가장 멋진 사진을 골라 선물을 드립니다.

(　　　　　　　　)

어떤 활동을 하면 친구들과 우정을 돈독히 할 수 있을지 생각해 보세요.

7 우리 반에서 친구 사랑 주간 행사를 연다면 무엇을 하고 싶은지 자신의 의견을 써 보세요.

15 이야기의 배경

이야기의 배경은 이야기가 펼쳐지는 시간과 공간을 말해요. 배경은 시간과 장소를 구체적으로 제시해 이야기가 실제 일어난 일처럼 느껴지게 해 주어요. 또 기쁨, 슬픔 등 이야기의 분위기를 만들고, 인물의 감정이나 이야기가 어떻게 흘러갈지 드러내기도 해요.

+ **시간적 배경** 사건이 벌어지는 때. '언제' 벌어진 일인지 살펴보면 알 수 있음.
  예 조선 시대, 일제 강점기, 낮, 밤, 무더운 여름 등
+ **공간적 배경** 사건이 벌어지는 장소. '어디서' 벌어진 일인지 살펴보면 알 수 있음.
  예 시골, 도시, 바닷가 마을, 기차역, 서울 등

개념 확인

확인 문제를 풀어 보며 개념을 익혀요.

1 밑줄 친 낱말이 이야기의 배경 중 무엇을 나타내는지 **보기**에서 찾아 기호를 쓰세요.

보기
㉠ 시간적 배경　　　㉡ 공간적 배경

(1) 옛날 옛적, 한 마을에 방망이를 깎는 노인이 살고 있었어요.
(　) (　)

(2) 서늘한 가을밤, 한 선비가 하얀 달이 비치는 높은 언덕 위에 서 있었다.
(　) (　)

(3) 우진이는 숲 사이로 난 오솔길을 따라 걸었다. 바람이 시원하게 불어오는 오후였다.
(　) (　)

2 다음 이야기를 읽고 배경에 대한 설명으로 알맞은 것에 ○표 하세요.

제이크는 차창 밖의 풍경이 옮겨지는 모습을 감상하며 추억에 잠겼다. 어스름한 저녁노을이 풍경에 오렌지색 빛깔을 입혀 주고 있었다. 이 거리를 오랫동안 그리워할 것 같다는 생각이 들었다. 버스는 천천히, 그렇지만 착실하게 그를 새로운 도시로 데려다주고 있었다.

(1) 시간적 배경은 (해 뜰, 해 질) 무렵이다.
(2) 배경이 이야기의 (활기찬, 우울한) 분위기를 만들어 낸다.
(3) 배경이 인물에게 (안타까움, 그리움)의 감정을 드러내게 한다.

정답 1 (1) ㉠, ㉡ (2) ㉠, ㉡ (3) ㉡, ㉠　2 (1) 해 질 (2) 우울한 (3) 그리움

경성 기억 극장
글 최연숙

경성 기억 극장

1회독

등장인물에 ○

이야기의 배경이 드러난 부분에 ～

이야기의 배경을 짐작할 수 있도록 하는 부분에 [ ]

[1945년 1월]

"이봐, 여기 신문!"

그럼 그렇지. 오늘도 기어이 만나는구나. 난 그저 배달부일 뿐인데 왜 만날 신문 팔라는 사람을 만나는지. 어제는 아주머니, 그제는 양복쟁이, 엊그제는 **모던걸**•, 오늘은? ㉮ 길바닥에 주저앉은 할아버지가 지팡이를 탁탁 내리친다. 저 할아버지다!

㉠ "할아버지, 파는 거 아니에요."

그러지 말고 팔라는 둥 안 팔면 가만두지 않겠다는 둥 별별 억지를 부리기 전에 얼른 피해야 했다. 나는 서둘러 발을 뗐다. 한 서너 걸음 걸었을까? 눈앞에 [종이쪽지들]이 하늘하늘 떨어졌다. 자세히 보니 종이가 아니었다. 돈이었다. 돈이 눈처럼 나풀나풀 바닥에 내려앉았다.

"팔라는 게 아닐세. 읽어 달라는 걸세. 바닥에 떨어진 돈은 다 가져도 되네."

<중략>

"이제 읽을게요. 두 번 읽어 달라고 하면 안 돼요."

"알았네. 그런데 [광고]도 읽어 주게나."

광고까지 읽을 건 뭐람. 못마땅했지만 묵묵히 신문 뭉치에서 한 장을 뽑아 들었다. 석 장이나 되어서 다 읽는 데 시간이 꽤 걸릴 듯했다.

"㉯ 일본 제국 특공대의 **맹공격**•에 적군이 물러나……."

㉡ "됐네. 다음."

이 할아버지 성미 한번 급하다. 우물에서 숭늉 찾고 [배추밭]에서 김치 찾을 양반 같으니. 나는 얼른 다음 기사를 찾아 읽었다.

"전투 **형세**•는 우리에게 유리, 이번이 적을 물리칠 좋은 기회……."

"그만!"

<중략>

잠깐 쉬었다가 다음 광고를 봤다. 커다란 **영사기**•가 그려진 광고. 보나마나 대륙 극장 같은 영화관 광고일 게 뻔했다.

"**경성**• 기억……."

더 읽을 수가 없었다. 살다 살다 이런 황당한 광고는 처음 봤다. 돈은 많

- **모던걸**(modern girl) 1900년대 초반에 들어온 외국 문화를 받아들여 서양 의복을 입고 서구적인 사고와 가치관을 가진 여자.
- **맹공격**(猛 사나울 맹, 攻 칠 공, 擊 부딪힐 격) 매우 사납고 거칠게 나아가 적을 침.
- **형세**(形 형상 형, 勢 기세 세) 일이 되어 가는 형편.
- **영사기**(映 비출 영, 寫 베낄 사, 機 틀 기) 빛과 렌즈 장치를 이용하여 영화 필름에 담긴 내용을 화면에 크게 비추는 기계.
- **경성**(京 서울 경, 城 재 성) '서울'의 전 이름. 1910년에 일본이 침략하면서 한성(서울의 전 이름)을 고친 것.

은데 심심한 어느 **졸부**° 가 장난을 친 걸까?

㉢ "뭐 하는 건가? 어서 읽게."

할아버지가 꾸짖듯이 재촉했다. 나는 다시 읽어 나갔다.

"경성 기억 극장. 기억을 지워 주는 극장입니다. 잊고 싶은 기억을 말끔히 지워 드립니다. 나쁜 기억을 잊고 행복해지십시오."

광고 문구 아래에는 **약도**° 와 [전화번호] 가 적혀 있었다. 어느 못된 사기꾼이 순진한 사람들을 꾀어내려고 **수작**° 을 부린 거다. 마음 같아서는 욕을 퍼붓고 싶었지만 바로 옆 광고로 눈을 돌렸다.

"㉣ 종로 약방 소화가 잘되는 약이 있습……."

"그만, 그만하게!"

할아버지가 버럭 소리를 질렀다. 어찌나 목소리가 큰지 귀가 얼얼할 지경이었다.

"아, 왜 소리는 지르고 그러세요?"

정말 깜짝 놀랐다. 그런데 더 놀라운 일이 벌어졌다. 멀쩡하던 할아버지가 갑자기 온몸을 떨기 시작했다.

"할아버지! 할아버지!"

어깨를 몇 번 흔들어 봤지만 할아버지는 꼼짝하지 않았다.

- **졸부**(猝 갑자기 졸, 富 부유할 부) 갑자기 부자가 된 사람.
- **약도**(略 다스릴 약, 圖 그림 도) 간략하게 중요한 것만 그린 지도.
- **수작**(酬 술 권할 수, 酌 따를 작) 남의 말이나 행동, 계획을 낮잡아 이르는 말.

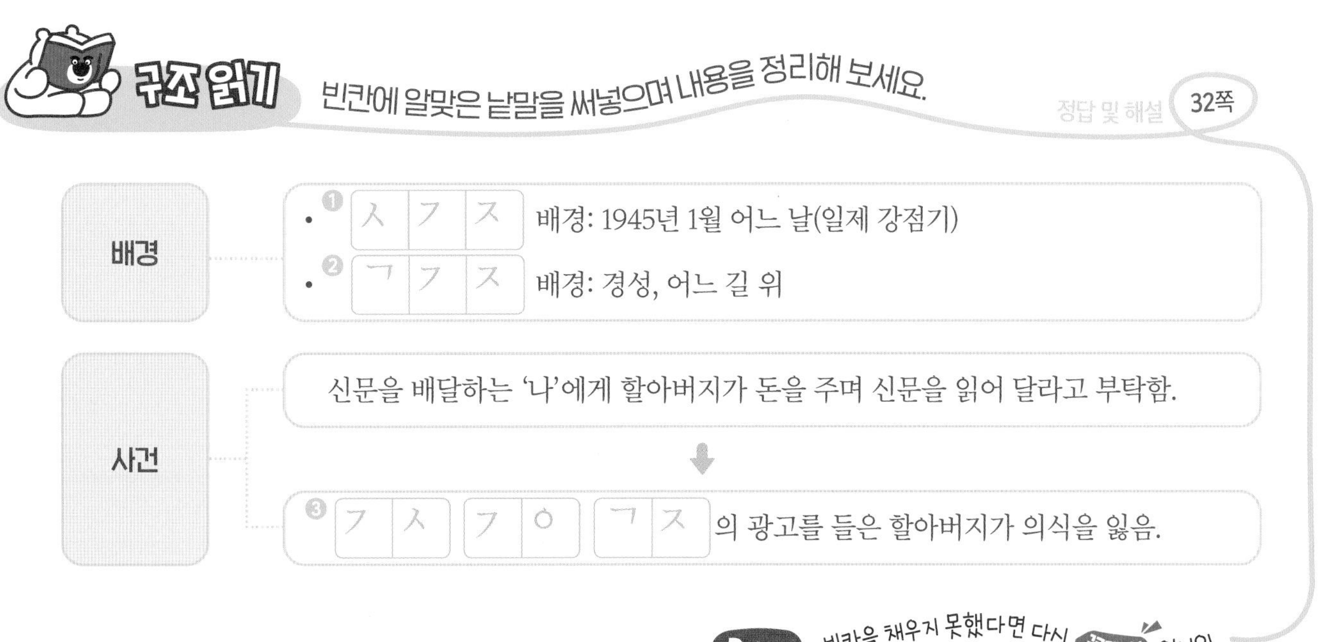

1 이야기를 읽고 알 수 있는 내용으로 알맞지 않은 것은 무엇인가요? (　　　　)

① '나'는 신문을 팔고 있었다.
② 당시 일본은 전쟁을 치르고 있었다.
③ 길바닥에 주저앉은 할아버지가 '나'를 불렀다.
④ 경성 기억 극장의 광고에는 약도가 그려져 있었다.
⑤ 할아버지는 신문의 광고까지 읽어 달라고 부탁했다.

2 이 이야기에서 가장 먼저 일어난 사건에 ○표 하세요.

(1) 할아버지가 의식을 잃음. (　　　　)
(2) 할아버지가 '내' 앞에 돈을 던짐. (　　　　)
(3) '내'가 경성 기억 극장의 광고를 읽음. (　　　　)

개념의
적용

3 이 이야기의 시간적 배경이나 공간적 배경을 나타내는 말은 무엇인가요? (　　　　)

① 1945년 1월　② 종이쪽지들　③ 광고
④ 배추밭　⑤ 전화번호

4 이 이야기의 배경을 알맞게 이해하지 못한 것에 ×표 하세요

(1) ㉮ '길바닥'은 '내'가 할아버지를 만난 장소이다. (　　　　)
(2) ㉯ '일본 제국 특공대'는 일제 강점기라는 시대 상황을 드러낸다. (　　　　)
(3) ㉰ '종로'는 할아버지가 의식을 잃고 쓰러지게 만드는 배경이다. (　　　　)

5 ㉠~㉢에 담긴 인물의 마음을 바르게 짐작하지 못한 것에 ×표 하세요.

(1) ㉠ '나'는 배달부인 자신에게 신문을 팔라고 하는 사람들을 귀찮아하고 있다. (　　　　)

(2) ㉡ 할아버지는 자신이 궁금해하는 내용이 아니므로 끝까지 듣지 않고 다음 광고를 읽어 달라고 한 것이다. (　　　　)

(3) ㉢ 할아버지는 퉁명스럽게 광고를 읽는 '나'를 못마땅해하며 광고를 재미있게 읽어 주기를 바라고 있다. (　　　　)

6 이 이야기를 읽은 후 알맞은 반응을 보인 친구에 ○표 하세요.

(　　　　)　　　　(　　　　)

잊고 싶은 기억을 지우면 어떤 일이 일어날지 생각해 보세요.

7 '경성 기억 극장'이 있다면 잊고 싶은 기억을 어떻게 할 것인지 자신의 생각을 써 보세요.

나는 '경성 기억 극장'에서 잊고 싶은 기억을 (지울 것이다, 지우지 않을 것이다).

왜냐하면 ______________________________

____

____

4
주차에서 우리는

문해력 개념	긴 글 읽기 지문	공부한 날
'처음-가운데-끝'으로 이루어진 글의 짜임을 이해하며 설명하는 글 읽기	바코드와 QR 코드	월 일
책 제목, 책을 읽게 된 동기, 줄거리, 인상 깊었던 내용 등 독서 감상문의 요소 알기	신비한 유전의 비밀	월 일
일상생활의 대화와는 다른 온라인 대화의 특징을 생각하며 글 읽기	온라인 대화의 특징	월 일
읽기 과정(읽기 전-읽는 중-읽은 후)에 따라 적절한 질문을 떠올리며 이야기 읽기	똘똘한 아이	월 일
체험 목적, 체험 내용, 체험한 후 든 생각 등을 살펴보며 글 읽기	국립 항공 박물관에 다녀와서	월 일

16 설명하는 글의 짜임

설명하는 글은 '처음 – 가운데 – 끝'의 세 단계로 짜여 있어요. 설명하는 글의 짜임을 알면 어떤 흐름으로 글이 전개될지 예측할 수 있어서 내용을 파악하기 쉬워요.

+ **설명하는 글** 지식이나 정보를 사실대로 전달하는 글. 읽는 사람이 내용을 이해하기 쉽게 풀어 씀.

+ **설명하는 글의 짜임**
  - 처음: 읽는 사람의 흥미를 유발하고 주제를 간단히 소개함.
  - 가운데: 설명 대상을 자세하게 설명함.
  - 끝: 설명 내용을 요약하고 중요한 내용을 강조함.

확인 문제를 풀어 보며 개념을 익혀요.

1~2 **다음은 설명하는 글에 들어갈 내용을 정리한 표입니다. 빈칸에 들어갈 내용으로 알맞은 것을 찾아 ○표 하세요.**

1

처음	식물이 열매를 맺기 위해 꽃의 수술에 붙은 꽃가루를 암술머리에 옮기는 '수분'이 어떻게 이루어지느냐에 따라 식물을 충매화, 풍매화, 수매화, 조매화로 나눌 수 있다.
가운데	
끝	이처럼 어떤 식물들은 곤충, 바람, 물, 새를 이용하여 한자리에서 움직이지 않고 자손을 퍼트린다.

(1) 우리 몸의 면역 체계가 꽃가루나 음식과 같이 몸에 그다지 해롭지 않은 물질들에 예민하게 반응하면서 염증을 일으키는 것을 알레르기라고 한다. (　　　　)

(2) 충매화는 곤충을 이용하여 수분을 한다. 풍매화는 바람에 꽃가루를 날려 수분을 한다. 수매화는 물을 이용하여 수분을 한다. 조매화는 새가 꽃가루를 옮겨 주어 수분을 한다. (　　　　)

2

처음	예로부터 사람들의 입에서 입으로 전해져 오는 노래를 민요라고 한다. 민요는 각 지역별로 특징이 조금씩 다르다.
가운데	경기 민요는 서울과 경기 지역의 민요를 말하며 밝고 경쾌한 분위기가 특징이다. 서도 민요는 평안도와 황해도 지역에서 부르는 민요를 말하며 단조로운 가락이 특징이다.
끝	

(1) 이렇게 민요는 각 지역의 생활 모습이나 문화가 담겨 지역별로 차이가 난다. (　　　　)

(2) 이렇듯 민요는 여러 사람이 함께 노동을 하면서 힘을 내기 위해 부르는 경우가 많다. (　　　　)

정답 1 (2) ○ 2 (1) ○

바코드와 QR 코드

1회독

설명 대상에 ○

설명하려는 내용을 소개하는 문장에 〰

설명 내용을 간단히 요약한 문장에 [ ]

바코드와 QR 코드는 우리 생활 속에서 다양하게 사용되고 있습니다. 도서관에서 책을 빌릴 때 책 표지에 붙어 있는 바코드를 스캐너에 찍어서 대출합니다. 마트에서 물건을 살 때 현금이나 카드 대신 QR 코드를 스마트폰으로 찍어 계산합니다. 바코드와 QR 코드가 언제부터 사용되었는지, 그리고 어떤 원리로 작동되는지 알아볼까요?

바코드는 1949년 미국의 한 발명가가 만들었습니다. 슈퍼마켓에서 물건의 가격과 **재고**•를 일일이 확인하는 불편을 줄이고, 물건값을 계산하는 데 드는 시간을 절약하는 방법을 고민하다가 바코드를 발명했습니다. 바코드는 검은색 막대와 흰색의 공백으로 이루어진 직사각형 모양입니다. 바코드의 검은색 막대와 흰 공백에는 물건을 만든 회사, 물건 가격, 종류 등의 정보가 담겨 있어요. 그렇다면 바코드 안에 담긴 정보를 어떻게 확인할 수 있을까요? 바로 빛의 반사를 이용하는 것입니다. ㉠바코드 스캐너로 바코드에 빛을 비추면, 검은색 막대는 빛을 대부분 흡수하고, 흰색 공백은 빛을 반사합니다. 바코드 스캐너는 반사되는 빛의 양을 기계가 **인식할**• 수 있도록 **이진법**•의 수 0과 1로 바꾸어 컴퓨터로 전송합니다. 반사되는 빛의 양이 많으면 0, 빛의 양이 적으면 1로 인식하며, 막대의 두께에 따라 각기 다른 숫자로 인식합니다.

〈그림 1〉

하지만 바코드는 담을 수 있는 정보의 양이 **제한적**•이라는 한계가 있습니다. 이러한 단점을 보완한 것이 바로 QR 코드입니다. QR 코드는 여러 개의 크고 작은 사각형이 모여 큰 사각형을 이루는 모양입니다. 일차원적으로 선을 배치하는 바코드는 20자 정도의 정보만 저장할 수 있지만, 사각형 모양의 이차원적 무늬인 QR 코드는 4,000자 이상의 정보를 담을 수 있습니다. 글자나 숫자뿐 아니라 사진이나 영상, URL, 위치 정보 등 다양한 정보를 저장할 수 있습니다.

QR 코드도 바코드처럼 빛의 강약에 따라 이진법의 수로 바꿔 컴퓨터가 정보를 인식할 수 있도록 합니다. 하지만 QR 코드에는 바코드에는 없는 것들이 숨겨져 있습니다. QR 코드의 모서리에는 같은 모양의 큰 정사각

- **재고**(在 있을 재, 庫 곳집 고) 창고에 있는 물건.
- **인식**(認 알 인, 識 알 식)**하다** 사물을 분별하고 판단하여 알다.
- **이진법**(二 두 이, 進 나아갈 진, 法 법도 법) 숫자 0과 1만을 사용하여, 둘씩 묶어서 윗자리로 올려 가는 표기법.
- **제한적**(制 억제할 제, 限 한계 한, 的 과녁 적) 일정한 한도를 넘지 못하는.

형이 세 개 있습니다. 이것은 각도나 방향에 상관없이 카메라가 QR 코드를 빠르게 인식할 수 있도록 해 주는 '위치 찾기 패턴'입니다. 위치 찾기 패턴보다 조금 작은 정사각형인 '얼라인먼트 패턴'은 QR 코드가 손상되어도 인식할 수 있도록 해 줍니다. 이 밖에 나머지 작은 사각형 모양들의 점은 정보를 저장하는 공간으로 '셀'이라고 부릅니다.

〈그림 2〉

바코드와 QR 코드가 널리 쓰이며 사람들은 정보에 간편하게 접근할 수 있게 되었습니다. 바코드보다 더 많은 정보를 담을 수 있는 QR 코드는 기차나 비행기에 탑승할 때, 매장에서 결제할 때, 온라인에서 본인 인증할 때 등 다양한 분야에서 활용되고 있습니다. 하지만 QR 코드를 이용한 **해킹**• 범죄도 증가하고 있으므로 QR 코드를 안정적으로 사용할 수 있도록 보완해 나가야 할 것입니다.

• **해킹**(hacking) 통신망 등을 통해서 남의 컴퓨터 시스템에 몰래 침입하여 데이터와 프로그램을 마음대로 조작하는 짓.

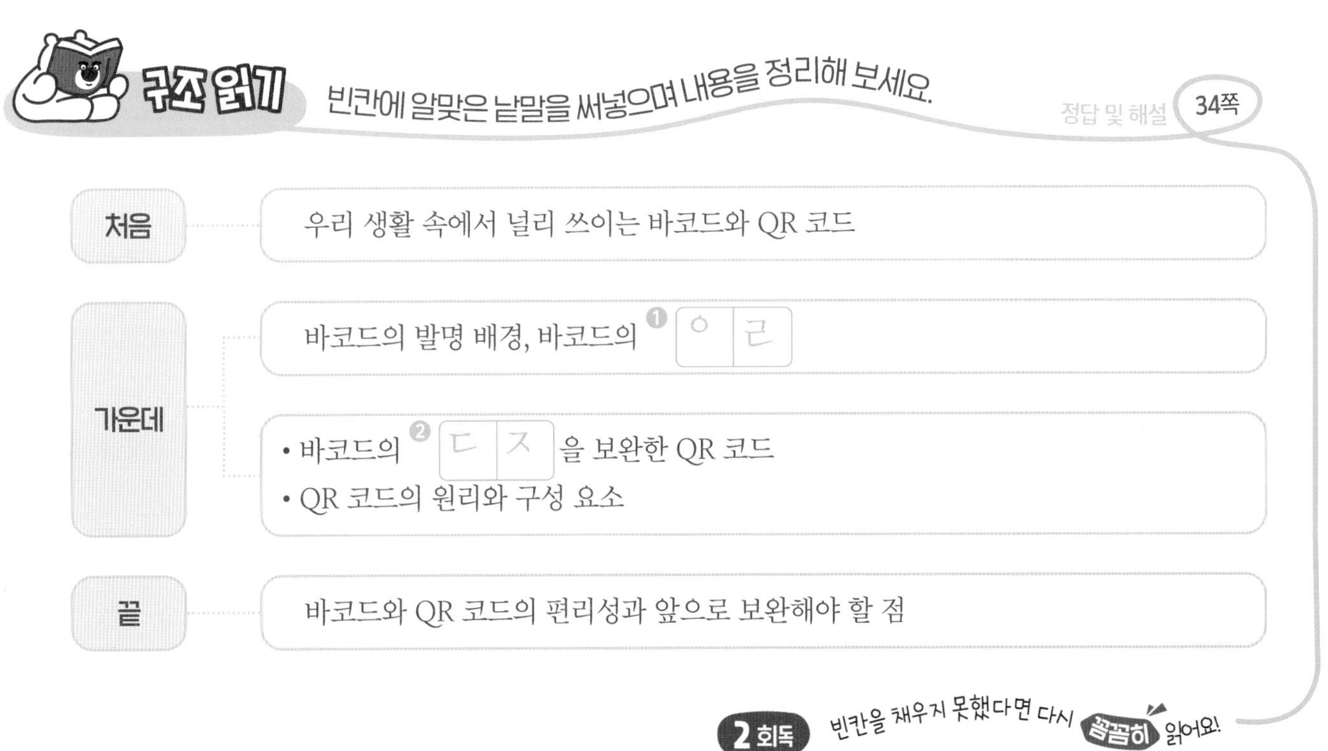

1 이 글에서 설명하고 있는 대상으로 알맞은 것에 ○표 하세요.

(1) 바코드 스캐너 (　　　　)
(2) 바코드와 QR 코드 (　　　　)
(3) QR 코드를 이용한 해킹 범죄 (　　　　)

2 QR 코드에 대한 설명으로 알맞지 않은 것은 무엇인가요? (　　　　)

① 다양한 정보를 담을 수 있다.
② 코드를 빠르게 인식하게 해 주는 패턴이 있다.
③ 검은색 막대와 흰색의 공백으로 이루어져 있다.
④ 코드가 손상되어도 인식할 수 있는 패턴이 담겨 있다.
⑤ 여러 개의 작은 사각형이 모여 큰 사각형을 이루는 모양이다.

개념의 **적용**

3 설명하는 글의 짜임을 생각하며 이 글에 대해 바르게 말한 사람의 이름을 쓰세요.

> 하준: 글의 처음 부분에서는 바코드와 QR 코드의 차이점을 간단히 정리했어.
> 채린: 글의 가운데 부분에서는 바코드와 QR 코드에 대해 자세하고 알기 쉽게 설명했어.
> 연규: 글의 끝부분에서는 사람들의 흥미를 끌기 위해 물건을 살 때 바코드를 사용했던 경험을 떠올리게 했어.

(　　　　　　)

4 글의 가운데 부분에 해당하는 내용을 모두 골라 번호를 쓰세요.

> ① QR 코드를 이용한 해킹 범죄가 늘어나고 있다.
> ② 바코드에 담긴 정보는 빛의 반사를 이용해 확인한다.
> ③ 생활 속에서 바코드와 QR 코드가 흔히 사용되고 있다.
> ④ QR 코드는 바코드보다 많은 양의 정보를 담을 수 있다.
> ⑤ QR 코드는 크고 작은 사각형 모양의 점들로 이루어져 있다.

(　　　　　　)

5 ㉠과 **보기**를 바탕으로 <그림 1>의 바코드를 이진법의 숫자로 바르게 바꾼 것은 무엇인가요? (　　　　)

보기

바코드는 반사되는 빛의 양이 많으면 0, 반사되는 빛의 양이 적으면 1로 인식합니다. 또한 막대의 두께에 따라 다른 숫자로 읽어 내는데, 예를 들어 가장 얇은 검은색 막대를 1로, 이보다 두 배 두꺼운 검은색 막대는 11로 인식하는 방식입니다.

① 100011　② 101000　③ 101001　④ 101011　⑤ 101111

6 <그림 2>의 ㉮~㉰를 바르게 이해한 사람의 이름을 쓰세요.

소진: ㉮는 QR 코드의 방향이 뒤집히거나 기울어져 있어도 카메라가 빠르게 인식할 수 있도록 해 주는 부분이야.
은영: ㉯는 QR 코드의 일부가 손상되어도 내용을 올바르게 인식할 수 있게 해 주는 부분이야.
준수: ㉰는 QR 코드에 저장하려는 정보가 있는 공간이야.

(　　　　　　　　)

처음 부분에서 설명할 내용을 소개하고, 가운데 부분에서 자세히 설명한 후, 끝부분에서 설명한 내용을 요약해요.

7 내가 설명하고 싶은 것을 정한 후, 설명하는 글의 짜임에 맞춰 간단히 써 보세요.

• 설명하고 싶은 것: ____________________

처음	
가운데	
끝	

독서 감상문에 들어가는 내용

독서 감상문에는 이런 내용을 써야 해.

독서 감상문에 들어가는 내용

책 제목, 책을 읽게 된 동기	인상 깊었던 내용
줄거리	책을 읽고 든 생각이나 느낌

책을 읽고 난 후의 감상은 사람마다 다를 수 있어요. 독서 감상문을 읽으면 다른 사람은 책을 읽고 어떤 생각을 했는지, 어떤 부분에서 감동을 받았는지 등을 알 수 있어서 독서 경험을 풍부하게 넓힐 수 있어요.

+ 독서 감상문에 들어가는 내용

- 책 제목, 책을 읽게 된 동기, 줄거리, 인상 깊었던 내용, 책을 읽고 알게 된 점, 책을 읽고 든 생각이나 느낌 등

확인 문제를 풀어 보며 개념을 익혀요.

1 책을 읽게 된 동기가 아닌 것에 ×표 하세요.

(1) 도서관에 갔다가 우연히 이 책을 발견하여 집어 들었다. ( )

(2) 평소 역사에 관심이 없던 내게는 이 책이 어렵게 느껴졌다. ( )

(3) 장래 희망을 고민하던 나에게 친구가 읽어 보라고 추천하였다. ( )

2 책의 줄거리가 아닌 것에 ×표 하세요.

(1) 『마지막 잎새』는 미국의 작가 오 헨리가 쓴 단편 소설이다. 집안 형편이 좋지 않았던 오 헨리는 15살 때 약국에서 일을 시작하였고 이후 수많은 직업을 거쳐 소설가가 되었다. ( )

(2) 『로빈슨 크루소』는 배가 난파되어 홀로 무인도에 살게 된 로빈슨 크루소가 스스로 집을 짓고 식량을 마련하며 살아가는 이야기다. 로빈슨 크루소는 여러 가지 사건을 겪으며 28년이나 섬에서 지내다가 고국으로 돌아온다. ( )

(3) 『찰리와 초콜릿 공장』은 초콜릿 공장을 운영하는 윌리 웡카의 초대장을 받은 찰리가 다른 아이들과 함께 초콜릿 공장을 견학하는 이야기다. 견학을 마치고 찰리는 윌리 웡카의 후계자로 선택되어 초콜릿 공장을 물려받는다. ( )

3 책을 읽고 든 생각과 느낌이 아닌 것에 ×표 하세요.

(1) 책에 등장한 다양한 숲속 생물에 관해 더 알고 싶어졌다. ( )

(2) 숲속의 생물들은 서로 먹고 먹히는 먹이사슬이 형성되어 있다. ( )

(3) 생태계가 파괴되면 인간도 살 수 없으므로 숲을 보호해야겠다고 다짐했다. ( )

정답 1 (2)× 2 (1)× 3 (2)×

신비한 유전의 비밀

1회독
읽은 책의 제목에 ○
책을 읽게 된 동기에 〰
책을 읽고 든 생각이나 느낌에 [ ]

학교 도서관에서 『유전의 비밀』이라는 책을 발견했다. 책의 표지에 '엄마 아빠를 닮은 이유'라고 쓰인 글이 눈에 들어왔다. 평소 아빠랑 다니면 아빠 닮았다, 엄마랑 다니면 엄마 닮았다는 소리를 많이 듣던 나는 내가 부모님을 닮은 이유가 무엇인지 궁금해 책을 펼쳐 보았다.

이 책은 부모의 특징을 아이가 물려받는 유전의 비밀을 풀기 위해 과학자들이 걸어온 길을 보여 준다. 제일 먼저 유전의 비밀을 파헤친 사람은 오스트리아의 멘델이다. 그는 완두콩을 재배해 유전이 특별한 법칙에 따라 이루어진다는 사실을 알아냈다. 멘델은 자손이 부모를 닮는 이유는 부모의 특징이 담긴 알갱이를 전달받기 때문이라고 생각했다. 하지만 그의 연구 결과는 주목받지 못했다. 그 뒤에 과학자들은 사람의 **세포핵**° 안에는 46개의 **염색체**°가 들어 있는데 생식 세포에는 염색체가 23개밖에 없어서, 남녀의 생식 세포가 만나 46개의 염색체를 가진 세포가 만들어진다는 사실을 알아냈다. 그래서 멘델이 생각했던 '유전을 일으키는 알갱이'가 이 염색체 안에 있을 것이라 생각하게 되었다.

이후 미국의 과학자 모건이 초파리 실험을 통해 유전을 일으키는 물질이 염색체 안에 있다는 사실을 확인하고 이를 '유전자'라고 불렀다. 하지만 그 당시에는 염색체도 현미경으로 겨우 볼 수 있는 상황이었으므로, 염색체 속 유전자는 더욱 보기 어려웠다. 과학자들은 유전자에 DNA라는 이름을 붙이고 그 모양을 연구하기 시작했다. 1952년에 프랭클린이 X선을 이용해 DNA의 그림자 사진을 찍었는데, 동료인 윌킨스가 이 사진을 DNA를 연구하던 왓슨과 크릭에게 몰래 보여 주었다. 왓슨과 크릭은 그 사진으로 DNA가 꽈배기처럼 꼬인 긴 사다리 모양임을 알아냈고, DNA **구조**°를 밝혀낸 왓슨과 크릭, 윌킨스는 1962년에 **노벨상**°을 받았다.

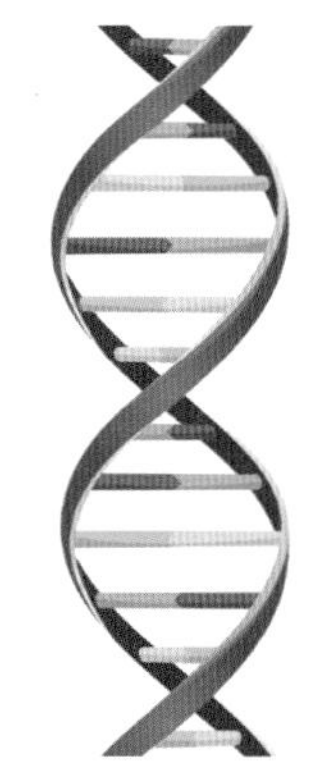
▲ DNA의 모습

꼬인 사다리 모양으로 쌓인 DNA 한 가닥에는 놀랍게도 동화책 5만 권 분량의 정보가 담겨 있다고 한다. 가까운 가족끼리는 사다리를 쌓는 순서가 거의 똑같고 사이가 멀어질수록 조금씩 달라진다고 한다. 나는 부

- **세포핵**(細 가늘 세, 胞 태보 포, 核 씨 핵) 세포의 중심에 있는 작은 덩어리.
- **염색체**(染 물들일 염, 色 빛 색, 體 몸 체) 세포가 분열할 때 나타나는, 유전자로 이루어진 막대 모양의 물질.
- **구조**(構 얽을 구, 造 지을 조) 부분이나 요소가 어떤 전체를 짜 이룸. 또는 그렇게 이루어진 짜임새.
- **노벨상** 1896년에 스웨덴의 화학자 노벨의 유언에 따라 인류 복지에 가장 구체적으로 공헌한 사람이나 단체에 주는 상.

모님의 DNA를 물려받았기 때문에 두 분을 닮게 된 것이다. 유전 정보를 DNA 안에 보관하고 **후손**• 에게 물려주는 우리 인체가 신비롭고 놀라웠다.

이 책을 읽은 후 여러 학자들의 연구 결과가 쌓여 과학이 발달한다는 사실을 깨달았다. 또 15년 동안 완두콩을 재배한 멘델이나 DNA 그림자 사진을 찍은 프랭클린처럼 중요한 발견을 하고도 **조명**• 받지 못하는 사람이 있다는 사실도 알게 되었다. DNA를 통해 질병을 일으키는 부분을 찾아내 병을 예방하고 치료할 수도 있다고 한다. 나는 DNA를 연구하는 과학자가 되어 DNA에 어떤 정보들이 숨어 있는지 더 알아보고 싶은 생각이 들었다.

- **후손**(後 뒤 후, 孫 손자 손) 자신의 세대에서 여러 세대가 지난 뒤의 자녀를 통틀어 이르는 말.
- **조명**(照 비출 조, 明 밝을 명) 일정한 관점에서 어떤 특정한 사실을 자세히 살펴봄.

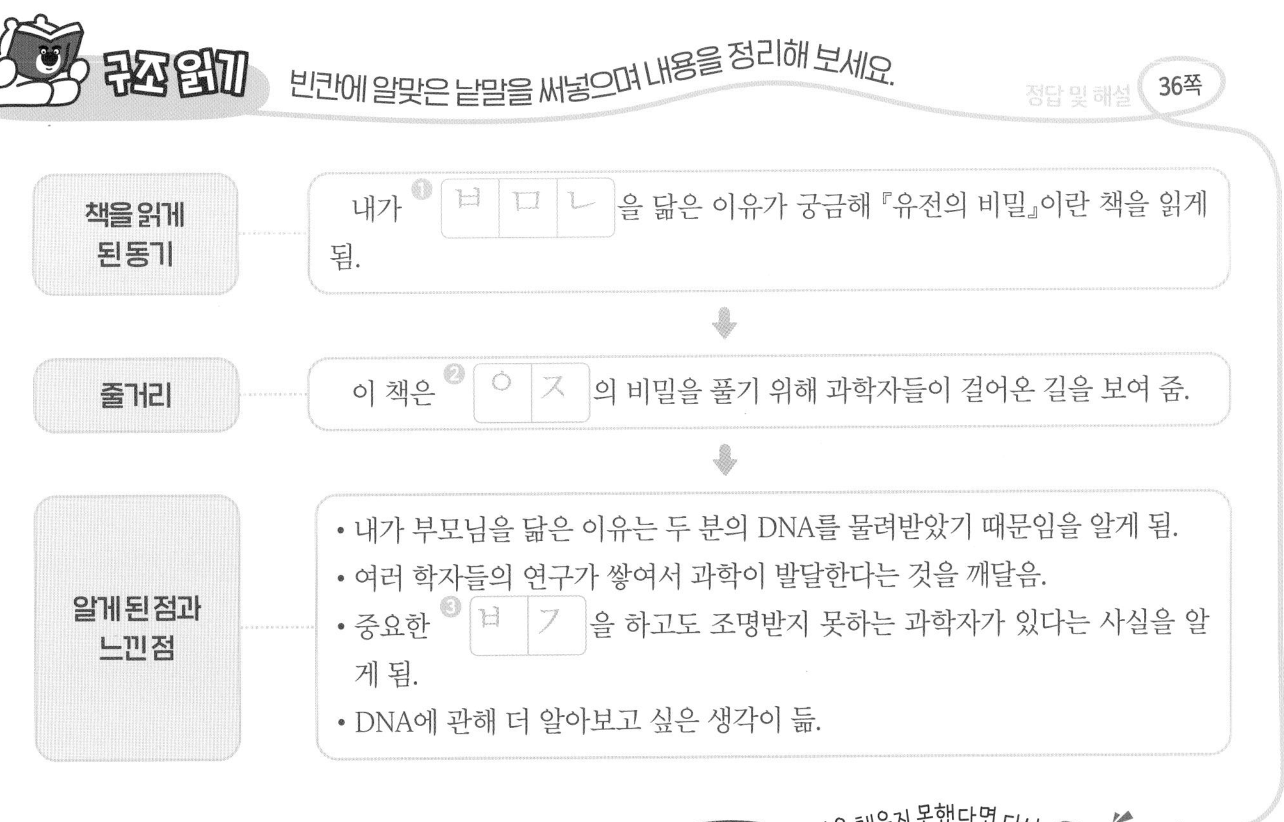

구조 읽기 빈칸에 알맞은 낱말을 써넣으며 내용을 정리해 보세요.

정답 및 해설 36쪽

책을 읽게 된 동기	내가 ❶ [ㅂ ㅁ ㄴ] 을 닮은 이유가 궁금해 『유전의 비밀』이란 책을 읽게 됨.
줄거리	이 책은 ❷ [ㅇ ㅈ] 의 비밀을 풀기 위해 과학자들이 걸어온 길을 보여 줌.
알게 된 점과 느낀 점	• 내가 부모님을 닮은 이유는 두 분의 DNA를 물려받았기 때문임을 알게 됨. • 여러 학자들의 연구가 쌓여서 과학이 발달한다는 것을 깨달음. • 중요한 ❸ [ㅂ ㄱ] 을 하고도 조명받지 못하는 과학자가 있다는 사실을 알게 됨. • DNA에 관해 더 알아보고 싶은 생각이 듦.

2회독 빈칸을 채우지 못했다면 다시 꼼꼼히 읽어요!

1 글쓴이가 읽은 책 제목으로 알맞은 것에 ○표 하세요.

(1)『유전의 비밀』 (　　　　　)

(2)『멘델과 모건의 유전 법칙』 (　　　　　)

(3)『엄마 아빠의 특징을 물려받는 이유』 (　　　　　)

2 다음 내용을 처음 발견한 인물을 찾아 선으로 이으세요.

(1) 유전은 특별한 법칙에 따라 이루어진다. •　　　　• ① 모건

(2) 유전을 일으키는 물질은 염색체 안에 있다. •　　　　• ② 멘델

(3) DNA는 꽈배기처럼 꼬인 사다리 모양의 구조이다. •　　　　• ③ 왓슨, 크릭, 윌킨스

개념의 적용

3 글쓴이가 읽은 책의 줄거리로 알맞지 <u>않은</u> 것은 무엇인가요? (　　　　　)

① 아기를 만드는 생식 세포에는 20개의 염색체가 있다.

② 염색체는 현미경으로 겨우 볼 수 있을 정도로 매우 작다.

③ DNA 한 가닥에는 동화책 5만 권 분량의 정보가 담겨 있다.

④ 가까운 가족끼리는 DNA 사다리를 쌓는 순서가 매우 비슷하다.

⑤ 자손이 부모를 닮은 이유는 부모의 DNA를 물려받았기 때문이다.

4 책을 읽고 난 후 글쓴이의 생각과 느낌에 해당하는 것에 ○표 하세요.

(1) 내가 부모님을 닮은 이유가 무엇인지 궁금해 책을 펼쳐 보았다. (　　　　　)

(2) 여러 학자들의 연구 결과가 쌓여 과학이 발달한다는 사실을 깨달았다. (　　　　　)

(3) DNA 구조를 밝혀낸 왓슨과 크릭, 윌킨스는 1962년에 노벨상을 받았다. (　　　　　)

5 글쓴이가 다음 글을 읽고 할 수 있는 생각으로 알맞은 것에 ○표 하세요.

> 수도원에서 수도사로 있으며 15년 동안 완두콩 실험에만 몰두한 멘델은 자신이 연구한 결과를 책으로 써서 유명한 생물학자에게 보냈다. 책을 받아 본 생물학자는 수도사가 기도는 안 하고 웬 완두콩 타령이냐면서 그 값진 연구 결과를 거들떠보지도 않았다. 멘델이 세상을 떠나고 20년 가까이 지난 1900년에야 과학자들은 멘델이 옳았음을 깨달았다.

(1) 과학의 발견은 우연에서 탄생하는 경우가 많군. (　　　　)

(2) 과학의 발견이 인간에게 이로움만 가져다주는 것은 아니야. (　　　　)

(3) 과학의 발견이 그 가치를 인정받기까지 오랜 시간이 걸릴 수 있어. (　　　　)

6 이 글을 읽고 보인 반응으로 알맞지 않은 것의 번호를 쓰세요.

> ① 예준: 유전 정보를 담고 있는 DNA에서 질병을 일으키는 부분을 찾아낼 수 있다니 과학자들이 아픈 사람을 치료하는 데 획기적인 역할을 하고 있구나.
> ② 서우: DNA는 한 사람의 몸에 관한 수많은 정보가 보관된 커다란 도서관인 셈이구나.
> ③ 로아: 유전자는 현미경으로도 관찰할 수 없을 만큼 너무 작기 때문에 DNA에 어떤 정보가 담겨 있는지는 연구하기 힘들겠어.

(　　　　　　　)

월킨스가 왜 프랭클린이 찍은 사진을 왓슨과 크릭에게 몰래 보여 주었을지 생각해 보세요.

7 왓슨과 크릭에게 DNA의 그림자 사진을 보여 준 윌킨스의 행동에 대한 자신의 생각을 그 이유와 함께 써 보세요.

윌킨스의 행동은 ______________________

왜냐하면 ______________________

____

18 온라인 대화의 특징

온라인 대화는 휴대 전화나 컴퓨터 자판으로 입력한 문자 언어를 통해 멀리 있는 사람과 실시간으로 주고받는 대화를 말해요. 온라인 대화 글을 읽을 때는 상황에 맞는 그림말이나 이미지를 사용했는지, 다른 사람의 저작권이나 초상권을 침해하지 않았는지, 읽는 이에게 예절을 지키고 있는지 등을 살펴보아요.

온라인 대화의 특징

- 문자 언어 외에 그림말, 이미지 등을 사용함.
- 의도적으로 문법에 맞지 않는 문자 언어를 사용하여 개성과 감정을 표현하기도 함.
- 사진이나 동영상 등 파일을 주고받기 편리함.
- 자신이 누구인지 드러내지 않은 채 대화할 수 있음.

확인 문제를 풀어 보며 개념을 익혀요.

1~3 **다음 상황에서 알 수 있는 온라인 대화의 특징으로 알맞은 것에 ○표 하세요.**

1

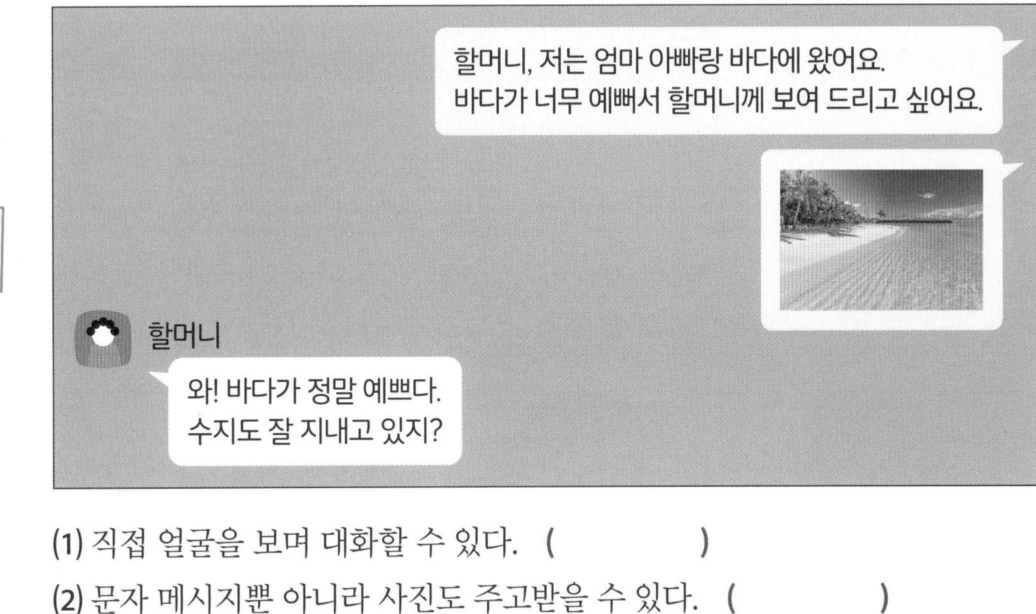

(1) 직접 얼굴을 보며 대화할 수 있다. (　　　　)

(2) 문자 메시지뿐 아니라 사진도 주고받을 수 있다. (　　　　)

2

수현
우리 언제 어디서 모일까?

내일 3시에 학교 앞에서 어때?

윤규
앗, 나는 내일 3시 반에 학원 수업이 끝나. 4시는 안 될까?

(1) 일대일로만 대화할 수 있다. (　　　　)

(2) 동시에 여러 사람과 대화할 수 있다. (　　　　)

3

후훗
얘들아, 안녕?

누구지?

현민
글쎄, 나도 누군지 모르겠는데…….

(1) 그림말을 사용해 대화할 수 있다. (　　　　)

(2) 자신이 누군지 밝히지 않은 채 대화할 수 있다. (　　　　)

정답 1 (2) ○　2 (2) ○　3 (2) ○

온라인 대화의 특징

1회독

온라인 대화의 뜻에 ○
온라인 대화의 특징에 〰
온라인 대화를 할 때 주의해야 할 점에 [ ]

여행을 가서 멋진 경치를 보고 가족이나 친구에게 그 풍경을 보여 주고 싶을 때는 어떻게 하나요? 사진이나 동영상으로 풍경을 찍어 스마트폰으로 보내면 되지요? 이처럼 스마트폰, 태블릿, 컴퓨터 같은 전자 기기를 통해 이루어지는 소통을 온라인 대화라고 합니다. 우리가 생활 속에서 익숙하게 사용하고 있는 온라인 대화는 어떤 특징이 있는지 알아볼까요?

인터넷에 연결된 스마트폰이나 컴퓨터가 있다면 언제 어디서든 다양한 사람들과 온라인 대화를 할 수 있습니다. 한 번도 만난 적 없는 사람과도 대화할 수 있고, 서로 다른 언어를 사용하는 사람과도 자동 번역 기능을 이용해 소통할 수 있습니다. 전 세계의 누구와도 쉽게 대화를 나눌 수 있지요.

온라인 대화는 주로 문자 언어로 이루어지지만 **그림말**도 자주 활용합니다. 또한 사진이나 동영상 등 다양한 형식의 메시지를 편리하게 보낼 수 있지요. 그림말을 이용해 문자 메시지로 전하기 어려운 감정을 생생하게 표현할 수 있고, 동영상을 찍어서 문자로 다 표현하기 어려운 내용을 전달할 수 있습니다. 친구에게 받은 유익한 동영상을 다른 사람에게 보내서 함께 즐기는 것도 가능합니다. 뉴스 기사의 **링크**를 보내 내가 본 뉴스 기사를 다른 사람과 쉽게 공유할 수도 있습니다.

온라인 대화 상황에서는 여러 사람과 동시에 소통할 수 있습니다. 가족, 친구들, 일을 함께하는 사람들이 모여 있는 온라인 대화방에 각각 참여할 수 있습니다. 단체 대화방에서는 모두에게 전달해야 할 사항을 한 번에 전달할 수 있습니다. 무언가 결정해야 할 일이 있을 때, 단체 대화방을 만들어 의논한다면 훨씬 **수월하게** 의견을 나누고 정보를 공유할 수 있습니다.

온라인 대화에서는 내가 누구인지 밝히지 않은 채 말할 수 있습니다. 이렇게 어떤 말이나 행동을 한 사람이 누구인지 드러나지 않는 특성을 '익명성'이라고 합니다. ㉠익명성은 좀 더 자유로운 의사 표현을 가능하게

- **그림말** 컴퓨터나 휴대 전화의 문자와 기호, 숫자 등을 조합하여 감정이나 느낌을 전할 때 사용하는 그림 문자.
- **링크**(link) 인터넷에서 지정한 파일이나 페이지로 이동할 수 있도록 홈페이지를 서로 연결하는 것.
- **수월하다** 어떤 일이 복잡하거나 힘들지 않아서 하기가 쉽다.

해 줍니다. 또 자기의 고민이나 생각, 우리 사회의 문제점 등을 적극적으로 밝힐 수 있도록 해 줍니다.

이처럼 온라인 대화는 많은 장점이 있습니다. 시간과 장소에 제한받지 않고 다양한 사람들과 소통할 수 있고, 여러 형식의 소통 방식을 활용할 수 있으며, 익명성을 통해 자유로운 의사 표현을 할 수 있습니다. 온라인 대화 덕분에 쉽고 편한 소통이 가능해졌습니다. 하지만 내가 누구인지 드러나지 않는다고 다른 사람을 비난하거나 **부정확한**• 정보를 전달하는 등의 책임감 없는 행동을 하기 쉬우므로 주의해야 합니다. 또한 얼굴이 보이지 않는다고 함부로 말해서는 안 되며 바른 말을 사용해야 합니다. 일상생활에서와 같이 온라인 대화를 할 때도 예절을 지키며 대화해야 즐거운 대화를 나눌 수 있습니다.

• **부정확**(不 아닐 부, 正 바를 정, 確 굳을 확)**하다** 바르지 않거나 확실하지 않다.

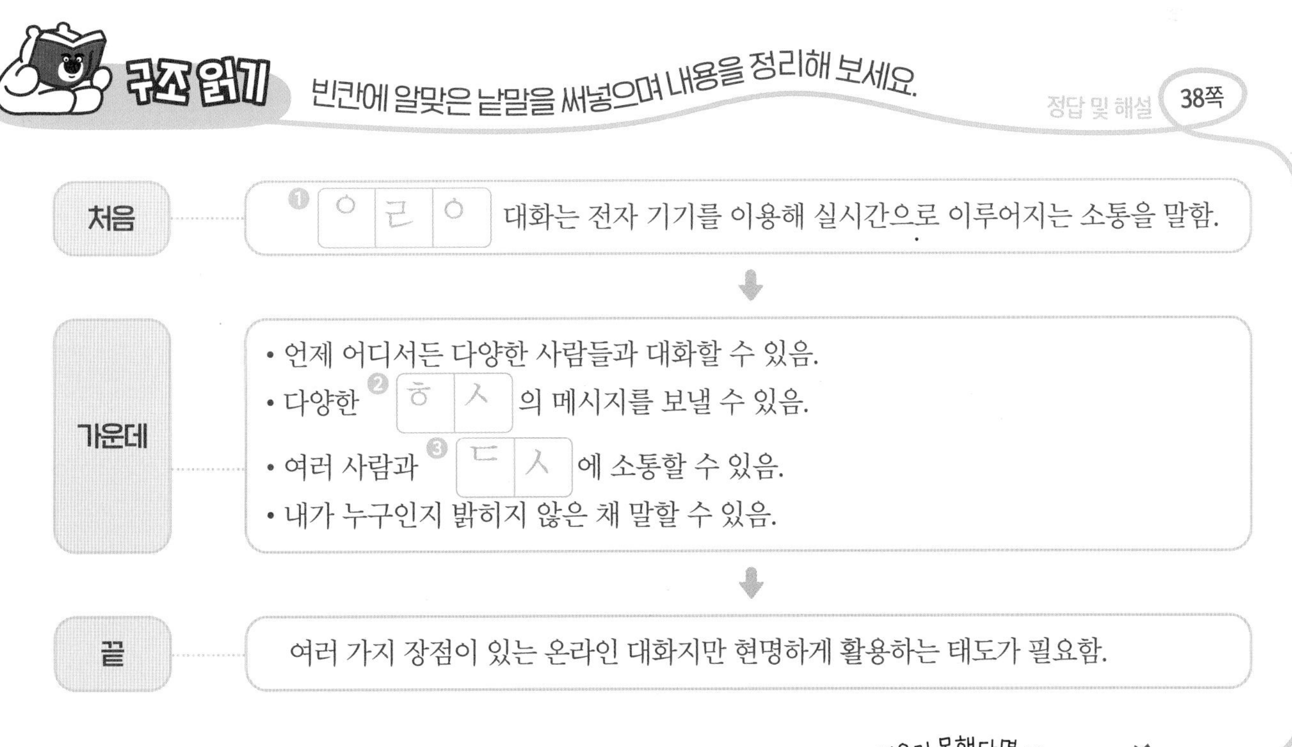

1 이 글의 중심 글감을 찾아 쓰세요.

( )

2 이 글의 내용으로 알맞지 않은 것은 무엇인가요? ( )

① 온라인 대화에서는 내가 누구인지 숨길 수 없다.
② 온라인 대화는 여러 사람과 동시에 소통할 수 있다.
③ 여럿이 의사 결정을 할 때 단체 대화방을 이용하면 편리하다.
④ 말이 통하지 않는 다른 나라 사람과도 온라인 대화를 할 수 있다.
⑤ 그림말을 사용하면 온라인 대화에서 감정을 표현하는 데 도움이 된다.

3 다음 상황과 관련 깊은 온라인 대화의 특징을 선으로 이으세요.

(1)	"내 블로그에 올린 사진을 보고 어떤 외국 사람이 멋지다는 댓글을 달아서 내가 고맙다고 답했어." •	• ①	내가 누구인지 밝히지 않고 말할 수 있다.
(2)	"학급 소통방에 내가 올린 과제물을 누가 칭찬해 주었는데 실명이 아닌 대화명이라 누군지 모르겠더라." •	• ②	모르는 사람과도 소통할 수 있다.
(3)	"나를 도와준 친구에게 그림말로 고마운 마음을 표현했어." •	• ③	다양한 형식의 메시지를 사용할 수 있다.

4 ㉠의 이유를 바르게 짐작한 사람의 이름을 쓰세요.

재훈: 여러 사람들의 의견을 듣고 가장 좋은 것을 고를 수 있기 때문이야.
수정: 다른 사람들의 반응이나 생각을 덜 의식하여 편하게 내 의견을 말할 수 있기 때문이야.
아린: 나이, 성별, 직업 등에 관계없이 공통의 관심사를 가진 사람들이 모여 이야기를 나눌 수 있기 때문이야.

( )

5 **다음 그림에 나타난 온라인 대화의 문제점으로 알맞은 것에 ○표 하세요.**

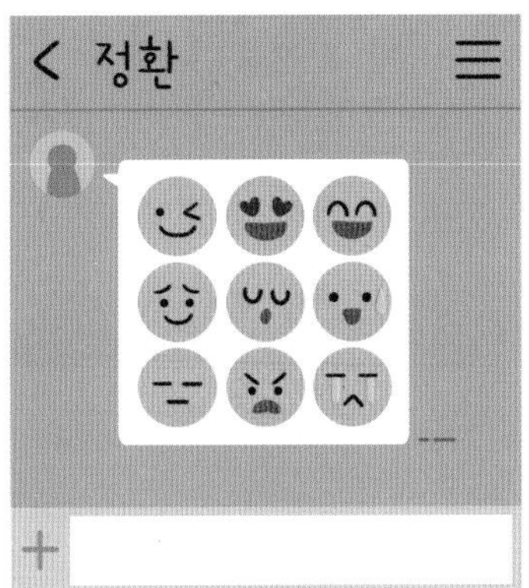

(1) 지나치게 줄여 쓴 말을 사용하고 있다. (   )

(2) 그림말을 너무 많이 써서 무슨 내용인지 이해할 수 없다. (   )

6 **다음 상황에서 진아에게 해 줄 말로 알맞은 것의 번호를 쓰세요.**

진아: 너랑 같이 찍은 사진을 내 친구가 궁금하다고 해서 메시지로 보내 줬어.
규민: 앗, 정말이야? 나는 싫은데…….

① 여러 사람이 동시에 대화할 수 있지만, 바르고 고운 말을 쓰는 태도가 필요해.
② 내가 누구인지 밝히지 않고 대화할 수 있지만, 다른 사람에게 상처를 주는 말을 해서는 안 돼.
③ 다양한 형식의 메시지를 전송할 수 있지만, 사진이나 영상을 보낼 때는 다른 사람의 초상권이나 저작권을 침해하지 않도록 주의해야 해.

(   )

온라인 대화를 하면서 경험한 일이나 느꼈던 점을 떠올려 보세요.

7 **지금까지 자신의 온라인 대화 태도에서 고쳐야 할 점은 없는지 써 보세요.**

질문하며 이야기 읽기

이야기를 읽을 때 무턱대고 읽는 것보다 질문을 떠올리며 읽으면 내용을 더 깊고 넓게 이해하며 내 것으로 만들 수 있어요.

✦ 이야기 읽기의 과정에서 떠올릴 수 있는 질문들

- 읽기 전: 제목과 표지를 보고 떠올린 질문, 차례를 보고 떠올린 질문, 글을 훑어보고 만든 질문, 자신의 경험이나 알고 있었던 지식과 연결해 만든 질문
  - 예 제목에 담긴 뜻은 무엇일까? 어떤 내용일까?
- 읽는 중: 인물의 행동, 사건의 흐름, 배경과 관련된 질문
  - 예 인물의 성격은 어떠한가? 어떤 사건이 일어났는가?
- 읽은 후: 나의 삶과 연관 짓는 질문, 작품의 주제와 관련된 질문
  - 예 가장 기억에 남는 장면은 무엇인가? 작품의 주제는 무엇인가?

짧은 글로 **개념 확인** 확인 문제를 풀어 보며 개념을 익혀요.

1~3 다음은 '달라서 더 좋아!'라는 제목의 이야기입니다. 이 이야기를 바탕으로 읽기 과정에 따라 떠올릴 수 있는 알맞은 질문을 선으로 이으세요.

어느 마을에 행동이 빠른 형과 행동이 느린 동생이 살았어요. 부모님은 두 아들이 서로 반씩 닮으면 좋겠다고 생각했어요. 어느 날, 형제는 신비한 사탕을 먹고 서로 반씩 닮게 되었어요. 그런데 예상치 못한 일이 벌어졌어요. 성격이 같아지자 둘 다 장점이 사라진 거예요. 형은 잽싸게 일 처리를 잘하던 장점이 없어졌고, 아우는 신중하게 일을 처리하던 장점이 없어졌지요. 그제야 부모님은 형제의 단점이 장점이었음을 깨닫고 두 사람이 원래대로 돌아가기를 바랐답니다.

1 읽기 전 •

• ① 무엇이, 어떻게 다르면 더 좋다는 것일까?

• ② 내가 이야기 속 인물이라면 어떻게 행동할까?

2 읽는 중 •

• ① 사탕을 먹은 형제의 성격은 어떻게 변했는가?

• ② 이 이야기에서 가장 기억에 남은 장면은 무엇인가?

3 읽은 후 •

• ① 이 이야기에는 어떤 인물들이 등장할까?

• ② 나는 누군가의 성격을 닮고 싶다고 생각한 적이 있었나?

정답 1① 2① 3②

돌돌한 아이
글 최도영

돌돌한 아이

1회독
엄마가 걱정하는 것에 ○
돌돌이가 좋아하는 것에 〰
돌돌이가 '잠시만'을 외친 까닭에 [ ]

"엄마, 걱정 마세요. 난 돌이라서 굳세고, 단단하고, 오래 견디니까!"

하지만 엄마 눈에는 돌돌이가 참 걱정스러웠어. 돌돌이가 돌머리라고 놀림받을까 봐. 그 이전에 머리가 돌이어서 정말로 머리가 나쁠까 봐 말이야. 하루빨리 공부를 가르쳐서 돌돌이가 똘똘하다는 걸 확인하고 싶었어. 하지만 돌돌이는 공부 말고도 좋아하는 게 많았어. 친구들과 노는 것, 몽돌 해변에 가서 자갈밭을 굴러다니는 것, 햇볕 쨍쨍한 곳에 가만 앉아 차가워진 몸을 따뜻하게 데우는 것 등등. 엄마가 보기엔 돌돌이가 아무 생각 없이 놀거나 멍하게 있는 것만 같았지.

엄마는 돌돌이가 공부를 좋아하든 말든 서둘러 글을 가르치기로 했어. 그래서 돌돌이만 보면 ㉠**조급하게**• 말했지.

"돌돌아, 엄마가 먼저 읽을 테니까 따라 읽어."

"돌돌아, 엄마가 먼저 써 볼 테니까 따라 써 봐."

그런 엄마의 말을 듣고 나면 돌돌이 또한 마음이 급해졌어. 엄마가 가르쳐 주려는 것 말고도 다른 궁금한 것들이 마구마구 떠올라서 말이야. 그래서 늘 다급하게 물었지.

"엄마, 잠시만. 이건 뭐예요?"

"엄마, 잠시만요. 저건 뭐예요?"

돌돌이는 궁금한 게 너무너무 많았어. 얼굴에 따끔따끔 내리꽂히는 햇살이 어디서 오는지, 손가락 사이사이로 빠져나가는 바람이 어디로 가는지, 그리고 무엇보다……. 그 햇살과 바람을 느끼는 자기가 누구인지…….

그래서 돌돌이는 항상 엄마에게 '잠시만'을 외쳤어. 하지만 그 '잠시'가 얼마나 긴지 학교에 들어간 뒤에도 엄마가 불러 주는 글은 하나도 읽거나 쓰지 않았지. 일부러 그런 게 아니라 다른 것들을 알아내느라 너무 바빴을 뿐이었어. 그런데 엄마는 돌돌이의 **사정**•을 알지 못하고 드디어 폭발해 버렸어.

"왜 이렇게 엄마 말을 안 들어! 그러다 사람들이 너한테 다 돌머리라고 하면 어쩌려고 그래? 아니면 너, 정말 돌머리야?"

- **조급**(躁 성급할 조, 急 급할 급)**하다** 참을성 없이 몹시 급하다.
- **사정**(事 일 사, 情 뜻 정) 일의 형편이나 이유.

돌돌이는 눈을 동그랗게 떴어. 엄마의 말이 너무 뾰족해서 가슴을 깊숙이 찌르는 것 같았거든. 돌로 된 가슴도 아플 수 있다는 걸 처음 알았지. 하지만 돌돌이가 누구야. 돌처럼 굳세고 단단한 아이라고. 돌돌이는 엄마에게 먼저 다가갔어. ㉡스스로 뱉은 말이 믿기지 않아 눈을 **질끈**° 감아 버린 엄마에게 말이야.

"엄마, 이것 봐요."

엄마는 돌돌이의 말에 **비로소**° 눈을 떴어. 돌돌이는 공책을 하나 내밀었지. 거기에는 이런 것들이 쓰여 있었어.

돌 머리, 돌 가슴, 돌 다리, 돌 눈, 돌 코, 돌 입, 돌 귀, 돌 어깨, 돌 팔, 돌 손, 돌 배, 돌 허리, 돌 무릎, 돌 발, 돌 솜털, 돌 지문, 돌 점, 돌 오금, 돌 삭신…….

- **질끈** 단단히 졸라매는 모양.
- **비로소** 이제까지는 아니던 것이 어떤 일이 있고 난 다음이 되어서야.

빈칸에 알맞은 낱말을 써넣으며 내용을 정리해 보세요.

정답 및 해설 40쪽

엄마의 마음	엄마가 한 행동과 돌돌이의 반응
걱정스러움.	엄마는 돌돌이가 돌머리라고 ❶ [ㄴ ㄹ]을 받을까 봐 걱정했으나, 돌돌이는 신경 쓰지 않고 자신이 좋아하는 일을 함.
↓	
조급함.	엄마는 돌돌이에게 서둘러 ❷ [ㄱ]을 가르치려 했으나, 돌돌이는 '잠시만'을 외치며 엄마에게 궁금한 것을 물어봄.
↓	
화를 냄.	엄마는 자신의 말을 듣지 않는 돌돌이에게 화를 내고 돌돌이는 자기가 알게 된 내용을 쓴 ❸ [ㄱ ㅊ]을 엄마에게 내밂.

2회독 빈칸을 채우지 못했다면 다시 꼼꼼히 읽어요!

1 돌돌이에 대한 설명으로 알맞지 않은 것은 무엇인가요? (   )

① 학교에 다닌다.
② 궁금한 것이 많다.
③ 굳센 마음을 지녔다.
④ 좋아하는 것이 많다.
⑤ 공부를 잘 못해서 놀림을 받았다.

2 ㉠과 바꾸어 썼을 때 뜻이 통하는 말은 무엇인가요?

① 반갑게
② 어색하게
③ 솔직하게
④ 다급하게
⑤ 정확하게

개념의 적용

3 다음 질문에 대한 알맞은 답을 선으로 이으세요.

(1)	엄마가 돌돌이에게 공부를 강요한 까닭은 무엇일까?	•	• ①	다른 것들을 알아내느라 너무 바빴기 때문이야.
(2)	돌돌이가 '잠시만'을 외친 까닭은 무엇일까?	•	• ②	돌돌이가 놀림을 받거나 정말로 머리가 나쁠까 봐 걱정되었기 때문이야.

4 **보기**는 어떤 질문을 받고 대답한 내용입니다. 이 대답에 알맞은 질문에 ○표 하세요.

보기

부모가 자녀를 걱정하는 마음은 이해됩니다. 그러나 걱정하는 마음이 앞서 공부를 강요하는 행동은 바람직하지 않습니다. 돌돌이는 친구들과 놀고 자갈밭을 굴러다니고 햇볕을 쬐면서 스스로 공부를 하고 있기 때문입니다.

(1) 돌돌이 엄마가 우리 엄마였다면 나는 어떻게 할 것인가? (   )

(2) 돌돌이에게 공부를 강요하는 엄마의 행동은 바람직한가? (   )

(3) 돌돌이 엄마의 행동 중에 가장 기억에 남는 것은 무엇인가? (   )

5 ㉡에서 짐작할 수 있는 엄마의 마음으로 알맞은 것에 ○표 하세요.

(1) 돌돌이가 엄마 말을 안 들어서 서운하다. ( )

(2) 돌돌이에게 뾰족한 말을 한 것을 후회한다. ( )

(3) 공부 안 하는 돌돌이의 모습이 보고 싶지 않다. ( )

6 돌돌이가 내민 공책을 보고 알 수 있는 내용을 알맞게 말한 친구의 이름을 쓰세요.

도아: 엄마는 돌돌이에게 서둘러 글을 가르치려고 조바심을 냈지만, 돌돌이는 이미 글을 쓸 수 있었어.

태오: 돌돌이는 공책에 '돌'이라는 말을 반복해서 적어 엄마에게 공부하고 싶지 않다는 생각을 전하고 싶었나 봐.

( )

걱정하는 말을 들었던 경험을 떠올려 보고, 그때 나의 마음이 어땠는지 생각해 보아요.

7 부모님이 나를 걱정하실 때 나는 어떤 생각이나 느낌이 들었는지 써 보세요.

20 체험 학습 보고서의 특징

체험 학습 보고서는 현장 체험을 다녀온 후 체험 과정과 결과를 작성하여 보고하는 글이에요. 이러한 글은 체험 목적이 무엇인지 확인하고, 체험 계획을 적절히 세웠는지, 체험한 내용은 무엇인지, 체험 후 무엇을 알게 되고 느꼈는지 등을 살펴보며 읽어요.

+ **체험 학습 보고서의 구성 요소** 체험 목적, 체험 계획, 체험 내용, 체험한 후 든 생각이나 느낌, 새롭게 알게 된 점 등

확인 문제를 풀어 보며 개념을 익혀요.

1 다음 내용은 체험 학습 보고서의 어떤 구성 요소에 해당하는지 선으로 이으세요.

(1) 독도의 날을 맞아, 독도에 대해 자세히 알고 싶어 독도 체험관에 방문했다. • • ① 체험 목적

(2) 독도가 대한민국의 영토임을 확인할 수 있는 문헌과 지도를 보았고, 독도에서만 서식하는 식물들에 관한 설명을 들었다. • • ② 체험한 후 든 생각

(3) 체험관에서 보았던 독도에 관한 기록물을 잘 보존해야, 우리 영토인 독도를 지킬 수 있겠다는 생각을 했다. • • ③ 체험 내용

2 체험한 후 느낀 점을 쓴 것에 ○표 하세요.

(1) 빵을 만드는 데 필요한 재료가 무엇인지 알아보고, 재료를 다룰 때 주의할 점을 배웠다. 그리고 직접 빵을 만들어 보았다. (　　　)

(2) 나는 직접 빵을 만들어 내가 좋아하는 사람들과 나누어 먹고 싶어서 빵 만들기 수업에 참여했다. (　　　)

(3) 빵을 직접 만드는 과정이 쉽지는 않았지만, 오븐에서 구워져 나온 먹음직스러운 빵을 보니 뿌듯했다. (　　　)

정답 1 (1) ① (2) ③ (3) ② 2 (3) ○

국립 항공 박물관에 다녀와서

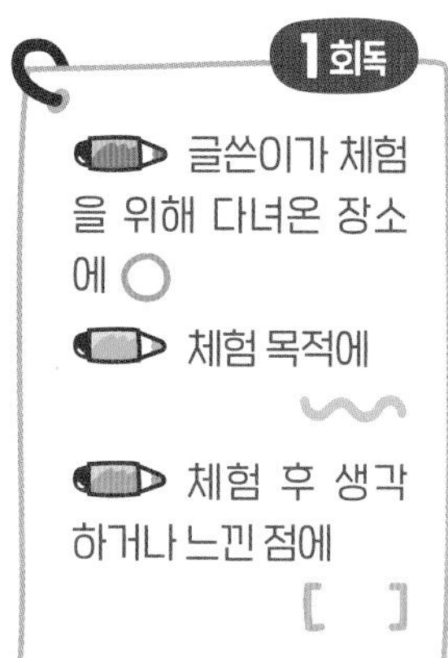

지난 주말, 부모님과 함께 김포에 있는 '국립 항공 박물관'에 다녀왔다. 비행기를 좋아해서 조종사가 되고 싶은 나는 우리나라의 항공 역사가 궁금했다. 비행기를 가까이에서 볼 생각에 마음이 설레고, 블랙이글스에 탑승해 보는 체험도 무척 기대되었다.

도착해서 가장 먼저 간 곳은 '항공 역사관'이었다. 우리나라의 항공 역사뿐 아니라 세계의 항공 역사를 알 수 있는 전시물들이 있었다. 조선 시대의 '비거'와 1903년 비행에 처음 성공한 라이트 형제의 '플라이어호'에 대한 기록을 보며, 오늘날 우리가 비행기를 탈 수 있는 것은 과거 사람들의 피나는 노력 덕분이라는 생각이 들었다. 특히 임진왜란 때 정평구가 발명한 '비거'는 단순히 날기 위한 꿈을 실현하기 위해 만든 것이 아니라, 전쟁에 도움을 주려고 만들었다는 사실이 놀라웠다. 그 밖에 ㉠일제 강점기에 서울 하늘을 날며 나라 잃은 백성들에게 **자부심**°을 심어 준 안창남의 비행기 '금강호'를 보며 마음이 뭉클했다.

▲ 국립 항공 박물관에 전시된 비행기 모형들

2층에 올라가니 거대한 스크린 속 비행기들이 날 맞이했다. 스크린에서 비행기가 나는 데 필요한 것들을 터치하니, 전시실 전체가 하늘로 변하고 곧 비행기가 스크린 속 하늘을 날아올랐다. 마치 내가 비행기를 타고 하늘을 날고 있는 기분이 들었다. '실감 영상관' 옆에는 '항공 산업 전시실'이 있었다. 이 전시실에는 우리나라 항공 산업의 분야와 성과를 보여 주는 자료와 미래의 항공 산업이 어떻게 발전할 것인지 **전망하는**° 자료가 전시되어 있었다. 이 전시실을 둘러보며 항공 산업 분야가 넓고 관련된 직업도 다양하다는 사실을 알게 되었다.

드디어 블랙이글스 탑승 체험을 하러 갈 시간이 되었다. 블랙이글스는 대한민국 공군 특수 비행 팀을 가리킨다. 체험관에 계신 선생님께서 블랙이글스가 대한민국 공군과 전투기의 우수성을 알리는 일을 한다고 알려

- **자부심**(自 스스로 자, 負 질 부, 心 마음 심) 스스로 자신의 가치나 능력을 믿고 떳떳이 여기는 마음.
- **전망**(前 펼 전, 望 바랄 망)**하다** 앞날을 헤아려 내다보다.

주셨다. 블랙이글스의 조종사 선발 조건은 총 비행 시간이 800시간 이상이어야 하고 공군 최고 수준의 비행 실력을 갖춰야 하는 등 매우 까다롭다고 하셨다. 선생님의 설명을 들으니 블랙이글스 탑승 체험이 더 기대되었다. 360도 회전하는 기구에서 VR을 쓰고 블랙이글스 부조종석에 타는 체험을 했다. 다양한 모양을 그리며 하늘을 나는 체험이 무척 재미있었다. 실제로 하늘에서 **곡예비행**°을 하는 조종사들이 대단하게 느껴졌다.

블랙이글스 탑승 체험을 마친 후 김포 공항을 한눈에 볼 수 있는 전망대에 올랐다. 김포 공항에 비행기들이 **이착륙하는**° 모습을 보며, 내가 조종사가 되어 하늘을 날고 있는 상상을 해 보았다. 국립 항공 박물관에서의 체험이 나를 조종사의 꿈에 한걸음 가깝게 갈 수 있게 해 준 것 같아 뿌듯했다.

- **곡예비행**(曲 굽을 곡, 藝 재주 예, 飛 날 비, 行 다닐 행) 공중에서 비행기를 가지고 부리는 여러 가지 재주.
- **이착륙**(離 떠날 이, 着 붙을 착, 陸 뭍 륙)**하다** 비행기나 헬리콥터 등이 땅에서 뜨거나 땅에 내리다.

빈칸에 알맞은 낱말을 써넣으며 내용을 정리해 보세요. 정답 및 해설 42쪽

지난 주말 부모님과 함께 ❶ ‘ㄱ ㄹ ㅎ ㄱ ㅂ ㅁ ㄱ’에 다녀옴.

↓

‘항공 역사관’에서 우리나라와 세계의 항공 역사를 알 수 있는 전시물들을 봄.

↓

‘실감 영상관’에서 비행기가 나는 스크린 영상을 체험하였고, ‘항공 산업 전시실’에서 항공 산업 분야에 관한 자료들을 보았음.

↓

❷ ㅂ ㄹ ㅇ ㄱ ㅅ 탑승 체험 후 곡예비행을 하는 조종사들이 대단하다고 느낌.

↓

❸ ㅈ ㅁ ㄷ 에 올라 조종사가 되어 하늘을 날고 있는 상상을 해 봄.

2회독 빈칸을 채우지 못했다면 다시 꼼꼼히 읽어요!

1 이 글을 쓴 목적으로 알맞은 것에 ○표 하세요.

(1) 체험 과정과 결과를 작성해 보고하려고 (　　　　)

(2) '국립 항공 박물관'의 역사와 가치를 소개하려고 (　　　　)

(3) 항공의 역사와 항공 산업 분야의 전망을 알려 주려고 (　　　　)

2 이 글의 내용으로 알맞지 않은 것은 무엇인가요? (　　　　)

① 글쓴이의 꿈은 비행기 조종사이다.

② '항공 역사관'에서 '비거'를 보았다.

③ 블랙이글스 팀이 직접 하늘에서 곡예비행하는 것을 보았다.

④ 항공 산업 분야가 다양하고 관련 직업이 많다는 사실을 알게 되었다.

⑤ '실감 영상관'에서는 스크린 속 비행기들이 하늘을 나는 모습을 보았다.

3 글쓴이가 방문한 장소와 그곳에서 체험한 내용을 선으로 이으세요.

	장소			내용
(1)	항공 역사관	•	• ①	블랙이글스 부조종석에 타 보는 체험을 했다.
(2)	항공 산업 전시실	•	• ②	미래 항공 산업의 발전을 전망하는 자료를 보았다.
(3)	블랙이글스 탑승 체험관	•	• ③	라이트형제의 '플라이어호'에 대한 기록을 보았다.

4 글쓴이가 체험을 통해 알게 된 사실에 ○표 하세요.

(1) 블랙이글스는 우리나라 공군의 특수 비행 팀으로 블랙이글스의 조종사가 되는 것은 쉽지 않다. (　　　　)

(2) 조선 시대 '비거'는 라이트 형제의 비행기처럼 날기 위한 꿈을 실현하기 위한 목적으로 만들어졌다. (　　　　)

5 이 글에 추가할 자료로 알맞지 않은 것은 무엇인가요? (　　　　)

① '국립 항공 박물관'의 층별 안내도
② 조선 시대에 만든 '비거'에 관한 기록
③ 라이트 형제가 만든 '플라이어호'의 사진
④ VR의 원리와 사용 방법을 알려 주는 안내문
⑤ 블랙이글스 탑승 체험을 하는 모습을 찍은 사진

6 다음 글을 읽고, ㉠에 대해 보인 반응으로 알맞지 않은 것의 번호를 쓰세요.

안창남은 일본의 비행 학교에서 공부한 후 우수한 성적으로 졸업하였다. 일본의 민간 비행 자격시험에 응시해 수석으로 합격하였고, 비행 대회에서 장거리 비행 기록을 세우며 명성을 떨쳤다. 안창남의 소식이 조선에까지 전해져 그를 초청해 하늘을 날게 하자는 의견이 모아졌다. 안창남은 1922년 '금강호'를 몰고 고국의 하늘을 최초로 비행하였다.

① 일본에서 인정받는 비행사가 된 안창남은 국민들의 자랑이었겠군.
② 일제의 핍박에 힘들었던 국민들에게 안창남은 희망과 용기를 주었을 거야.
③ 당시 일본의 비행 교육은 세계 어느 나라와 비교해도 뒤처지지 않는 높은 수준이었나 봐.

(　　　　　　)

체험을 하며 보고, 듣고, 느낀 점을 정리해 보세요.

7 지금까지 다녀온 체험 학습 장소 중 하나를 골라 빈칸을 채워 보세요.

다녀온 장소	
체험 목적	
체험 내용	
체험 후에 든 생각이나 느낌	

사진 출처

국가유산청	www.khs.go.kr
국립중앙박물관	www.museum.go.kr
서울특별시 농업기술센터	agro.seoul.go.kr
셔터스톡	www.shutterstock.com/ko
연합뉴스	www.yna.co.kr
한국민족문화대백과사전	encykorea.aks.ac.kr
한국방송광고진흥공사	www.kobaco.co.kr

초등 국어 교과에서 

단계별 개념

2022 개정 교육과정에서 배우는 **국어 교과 개념 200개**를 다루었어요.

1단계

소리 내어 시 읽기
받침 있는 글자와 받침 없는 글자
낱말과 문장
설명하는 대상
겪은 일을 쓴 글
시의 재미있는 부분
문장 부호
상황에 어울리는 낱말
인물의 모습과 행동
재미있게 읽은 책 소개하기
이야기의 재미있는 부분
상황에 맞는 높임 표현
내용에 알맞은 제목
이야기에서 일어난 일
상황에 맞는 인사말
시에서 떠오르는 장면
글 속의 흉내 내는 말
감정을 나타내는 표현
설명하는 글의 중심 내용
우화와 교훈

2단계

반복되는 말과 리듬감
설명하는 글의 특징
소리가 비슷한 낱말
인물이 처한 상황과 마음
소개하는 글의 특징
시의 글감
정보를 전달하는 글을 읽는 이유
글자와 다르게 소리 나는 낱말
이야기의 글감
제목에서 알 수 있는 내용
시 속 인물의 마음
편지의 내용
혼동하기 쉬운 낱말
마음을 나타내는 말
읽기 후 활동
일이 일어난 차례
설명서의 특징
꾸며 주는 말
매체의 특성
안내문의 특징

3단계 A

시의 생생한 표현(1)
문단의 이해
문장의 짜임
시의 생생한 표현(2)
편지의 형식
이야기에 나타난 감각적 표현
글의 내용 전개 방식-나열
문장의 종류
이야기의 사건
관찰 기록문의 형식
시의 행과 연
설명하는 대상
책을 읽는 방법
인물의 성격
포스터를 읽는 방법
이야기의 허구성
사실과 의견
매체 읽기 방법
문제점과 해결 방안
요약하며 읽는 방법

3단계 B

시의 감각적 표현과 그 효과
글의 중심 생각
낱말의 동형이의어 관계
이야기의 감각적 표현과 그 효과
생활문의 특징
시적 허용
배경지식 활용하여 읽기
글 속의 지시·접속 표현
사건과 복선
안내문의 특징
시 속의 세계
글의 내용 전개 방식-차례
글 속의 높임 표현
옛이야기의 교훈
독서 감상문의 특징
이야기에서 쓰인 의인법
의견과 이유
기행문의 구성
의견을 뒷받침하는 자료
보고하는 글의 목적

3회독 학습법

한번에 읽기

꼼꼼히 읽기

주도적 읽기

달달 읽고 곰곰 생각하는

달곰한 문해력 기본서

정답 및 해설

NE 능률

달달 읽고 곰곰 생각하는

달곰한 문해력 기본서

정답 및 해설

정답 활용법

지문을 다시 한 번 꼼꼼하게 읽어 보아요. 자신만의 읽기 방법이 만들어질 거예요.

나의 읽기 방법은! 글을 읽는 방법에 따라 잘 읽었는지 확인해 보세요.

문해력의 기본은 어휘! 새로운 지문을 만날 때마다 새로운 어휘도 익혀 보세요.

08 글을 읽으며 질문하기

- 중심 글감에 ○
- 지진이나 화산 활동이 일어나는 까닭에 〰
- 글에 나타난 질문에 대한 답에 [ ]

✦ 새로 알게 된 낱말이나 어려운 낱말을 써 보세요.

3회독 ✦ 내가 표시한 내용과 예시 답을 비교하며 읽어 보세요.

불의 고리

최근 우리나라에서 규모 4.8의 지진이 발생하였다. 우리나라는 4.8 규모에도 깜짝 놀랄 만큼 지진이 드물게 발생하고 그 규모가 약한 편에 속한다. 하지만 일본, 대만, 필리핀 등의 지역에서는 규모 6.0 이상의 (지진과 화산 활동)(중심 글감)으로 인한 피해가 자주 발생한다. 왜 몇몇 나라를 중심으로 지진과 화산 활동이 많이 일어나는 것일까?

▶ 특정 지역에서 지진과 화산 활동이 자주 일어난다.

지진과 화산 활동을 설명하는 중요한 이론 중 하나가 판 구조론이다. 이 이론의 핵심 내용은 지구의 겉면이 여러 개의 큰 조각들로 나누어져 있고, 이 조각들이 움직이고 있다는 것이다. 이 조각들을 '지각판'이라고 부른다. 대표적인 판으로 아프리카판, 남극판, 태평양판 그리고 우리나라가 속해 있는 유라시아판 등이 있다. 그렇다면 지각판의 움직임은 왜 일어나고, 그것이 어떻게 지진과 화산 활동을 일으키는지 알아보자.

▶ '판 구조론'은 지진과 화산 활동을 설명하는 중요한 이론이다.

지구는 세 가지 층으로 이루어져 있다. 첫 번째는 지각으로, 지구의 표면을 말한다. 바다, 땅, 산, 강 등이 있어서 우리가 걷고 놀며 사는 곳이다. 지각은 여러 지각판이 마치 퍼즐처럼 서로 맞대어져 있다. 지각 아래에는 맨틀이 있다. 맨틀은 고체로 이루어져 있지만 지구 내부의 열과 온도 차에 의해서 아주 조금씩 움직인다. 1년에 겨우 수 cm를 움직이지만, 맨틀은 지각판이 움직이는 데 아주 중요한 역할을 한다. 지구의 가장 안쪽에는 핵이 있다. 핵은 다시 내핵과 외핵으로 나뉘는데, 내핵은 고체 상태로, 외핵은 액체 상태로 그 온도가 엄청나게 높은 것이 특징이다. 지구의 핵에서 나오는 열은 지구를 따뜻하게 유지하고 외부의 영향으로부터 지구를 지키는 데 도움을 준다.

▶ 지구는 지각, 맨틀, 핵의 세 가지 층으로 이루어져 있다.

지각의 움직임이나 지진과 화산 활동은 이들 세 층의 상호 작용을 통해 일어난다.(지진이나 화산 활동이 일어나는 까닭) 먼저 핵에서 발생하는 아주 높은 열로 인해 맨틀이 움직이게 된다. 맨틀이 움직이면서 그 위의 지각판도 움직이는데 이러한 움직임이 오랜 시간 쌓이면 지각판들이 서로 부딪히거나 멀어지게 된다. 엄청난 크기의 지각판들끼리 서로 충돌하거나 떨어지는 과정에서 지진이나 화산 등의 현상이 일어난다.

▶ 지각의 움직임이나 지진과 화산 활동은 지각, 맨틀, 핵의 상호 작용을 통해 일어난다.

따라서 [지진과 화산 활동은 지각판들이 서로 만나는 지점에서 많이 발생하게 된다.](글에 나타난 질문에 대한 답) 특히 태평양판을 중심으로 여러 지각판이 맞물리는 경계에 있는 지역은 지진과 화산 활동이 매우 활발하여 '불의 고리'로 불린다. 전 세계에서 발생하는 지진의 90% 이상이 이 지역에서 발생하고, 전 세계 화산의 75% 이상이 이곳에 몰려 있다. 그렇기 때문에 '불의 고리' 지역에 위치한 나라들에서는 지진과 화산 활동으로 큰 피해가 발생하기도 한다. 불의 고리에 속한 대표적인 나라로는 일본, 대만, 필리핀, 인도네시아, 미국, 페루 등이 있다.

▶ 지진과 화산 활동은 '불이 고리' 지역에 위치한 나라에서 자주 일어난다.

❶ 판 구조론 ❷ 상호 작용 ❸ 불의 고리

잘 요약했나요? 글의 구조를 파악하며 잘 요약했는지 확인해 보세요.

문제 풀이가 아니라 문해력을 향상시키는 가이드입니다.

빠른 정답 확인

58~59쪽

1 ① **2** ㉠, ㉡, ㉢ **3** (1) × (2) ○ (3) × (4) ○ **4** (1) ○ **5** 지웅
6 ②, ⑤ **7** **예시 답안** 참고

똑똑한 이해

세부 내용 파악하기

1 맨틀은 고체로 이루어져 있으며 지구 내부의 열과 온도 차로 인해 아주 조금씩 움직인다.

문해력의 어떤 과정을 묻는 문제였는지 확인해 보세요.

과정 파악하기

2 핵의 높은 열로 인해 맨틀이 움직이면(㉠), 맨틀 위의 지각판이 움직이고(㉡), 지각판끼리 충돌하거나 멀어져(㉢) 지진 또는 화산 활동이 일어난다.

글을 바르게 이해하고 생각을 펼치기 위해서 어떻게 글을 읽어야 하는지 알려 주는 도움말

개념의 적용

글의 내용을 확인하는 질문 알기

3 (1) 지진이 발생하면 어떻게 대처해야 하는지에 대한 내용은 이 글에서 찾을 수 없다.
(2) 지구의 핵에서 나오는 열은 지구를 따뜻하게 유지하고 외부의 영향으로부터 지구를 지키는 데 도움을 준다고 하였다.
(3) 불의 고리에 위치한 나라들은 지진과 화산 활동으로 큰 피해가 발생한다고 하였으나 구체적으로 어떤 피해가 있는지는 밝히지 않았다.
(4) 일본, 대만, 필리핀은 여러 지각판이 맞물리는 경계에 있는 지역, 즉 불의 고리에 속한 대표적인 나라로 지진과 화산 활동이 자주 일어난다.

글의 내용을 바탕으로 추론하여 답하기

4 지진이 드물게 발생하는 우리나라는 유라시아판에 속해 있으므로 유라시아판은 불의 고리 지역의 판들에 비해 움직임이 적을 것이라고 짐작할 수 있다.

(2) 판들이 돌아가면서 움직인다는 내용은 이 글에 나와 있지 않다.

생각과 판단

내용 추론하기

5 지각판들이 서로 멀어질 때나 충돌할 때 지진이나 화산 활동이 발생한다.

구체적 사례에 적용하기

6 ② 지각판이 오랜 시간에 걸쳐 움직이면서 현재의 모습에 이르렀다.
⑤ C 지역과 D 지역은 서로 가까웠다가 멀어진 지역이므로, 비슷한 생물이 살았던 흔적이 나타날 수 있다.

① 지구의 지각 변화는 현재도 진행 중이다.
③ 지각판의 중간에 있는 B 지역보다 지각판끼리 만나는 A 지역에서 더 많은 지진과 화산 활동이 있었을 것이다.
④ 과거에도 지각판의 이동함에 따라 지진과 화산 활동이 있었을 것이다.

글을 읽고 문제를 풀면서 어떤 점을 잘못 짚었는지 알려 주는 도움말

달콤한 생각 펼치기

7 **예시 답안**
- 질문: 지구의 내부 구조는 어떻게 이루어져 있는가?
- 답: 지구는 지각, 맨틀, 핵의 세 가지 층으로 이루어져 있다.

자신의 생각과 비교해 볼 수 있고 생각을 확장시킬 수 있는 예시 답안

😆	질문을 떠올리고 그 질문에 대한 답을 알맞게 썼습니다.
🙂	질문을 떠올렸으나 질문에 대한 답을 알맞게 쓰지 못했습니다.
🙁	질문을 떠올리지 못하고, 답도 쓰지 못했습니다.

어떤 기준으로 생각을 펼쳐 글을 쓰는 것이 좋은지 알려 주는 채점 기준

01 시의 분위기

- 인물의 행동에 ○
- 분위기가 드러나는 부분에 ～～
- 주제가 나타난 부분에 [ ]

✦ 새로 알게 된 낱말이나 어려운 낱말을 써 보세요.

3 회독 ✦ 내가 표시한 내용과 예시 답을 비교하며 읽어 보세요.

미더움

1연

새 하나가
그 집 위를 뱅뱅 돌다 갔어요.
잠시 후에 또 와서
한참을 머물다가 갔어요.

2연

할아버지는 조용히
(누렁소의 잔등을 쓰다듬고)
할아버지의 행동
할머니는 (텃밭의 푸성귀를 다독였지요.)
할머니의 행동

3연

그러고 보니 그 집에선
짐승들이며 풀 나무도
다 순하게 자라 있었어요.
평화로운 분위기가 드러남.

4연

다음 날 새는 또 왔어요.
[그 집의 마음씨가 미더웠는지
할아버지와 할머니의 마음씨를 믿고 새가 알을 낳음.
뒤꼍 깊은 데에
참아 왔던 알을 낳았지요.]

1연

새 한 마리가 집 위를 뱅뱅 돌다 갔다가 잠시 후에 또 와서 머물다 갔다.

2연

집의 마당에서 할아버지는 누렁소의 잔등을 쓰다듬고 할머니는 텃밭에서 푸성귀를 다독였다.

3연

그 집에 사는 짐승들과 풀 나무들이 평화롭게 자라고 있다.

4연

다시 찾아온 새가 뒤꼍 깊은 데에서 알을 낳았다.

구조 읽기

❶ 새 ❷ 짐승 ❸ 알

14~15쪽

1 (2) ○ **2** (1) ○ **3** ④ **4** ㉠ **5** (1) ○ **6** ㉮ 민지 ㉯ 짝꿍 선택권 **7** 예시 답안 참고

세부 내용 파악하기

1 집 위를 뱅뱅 돌고 한참을 머물다가 간 새가 다음 날 그 집에 와서 알을 낳은 것으로 보아, 새가 전날 알을 낳을 곳을 찾고 있었음을 알 수 있다.

주제 파악하기

2 새는 할아버지가 누렁소의 잔등을 쓰다듬고, 할머니가 푸성귀를 다독이는 모습을 보았다. 또한 그 집에서는 짐승들이며 풀 나무들이 순하게 자라 있는 모습을 보고 할아버지와 할머니의 마음씨가 미더워 그 집에서 알을 낳아도 될 것 같다고 생각하였다.

분위기에 어울리는 낭송 방법 파악하기

3 이 시는 인정 많은 할아버지와 할머니가 사는 집에 짐승과 풀 나무가 순하게 자라는 시골집의 풍경이 드러난다. 따라서 다정하고 정겨운 목소리로 천천히 읽는 것이 어울린다.

시의 분위기 파악하기

4 새가 하늘 위를 뱅뱅 돈 이유는 알을 낳을 곳을 찾기 위해서였다. 이 모습을 보고 무서운 분위기가 느껴진다고 이해하는 것은 알맞지 않다.

이어질 내용 추론하기

5 이 시는 따뜻한 마음을 가진 할아버지와 할머니의 모습과 집에서 순하게 자라나는 짐승과 식물의 모습이 그려져 있다. 이러한 평화로운 분위기를 생각할 때 4연 뒤에 이어질 내용은 할아버지와 할머니가 새 둥지와 새를 돌보며 배려하는 모습이 알맞다.

시의 내용을 글과 비교하기

6 이 시에서 새는 할아버지와 할머니에게 미더움을 느끼고 참아 왔던 알을 낳는다. **보기**의 '나'는 그림을 잘 그리고 친절하게 남을 도와주는 '민지'에게 미더움을 느껴 '짝꿍 선택권'을 쓴다.

7 **예시 답안**

- 글감: 운동장

햇살 아래 뛰어놀며
웃음소리 깔깔
친구들과 함께라면
시간 가는 줄 모르지요

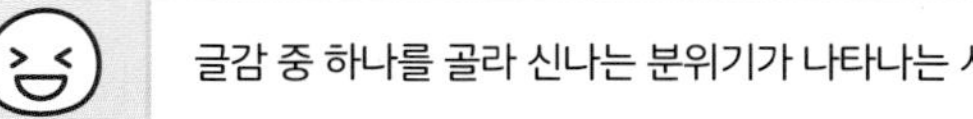

	글감 중 하나를 골라 신나는 분위기가 나타나는 시를 썼습니다.
	글감 중 하나를 골라 시를 썼으나, 신나는 분위기가 나타나지 않습니다.
	글감 중 하나를 골랐지만, 신나는 분위기에 어울리는 낱말, 상황 등을 떠올리지 못해 시를 쓰지 못했습니다.

02 다의어의 뜻과 쓰임

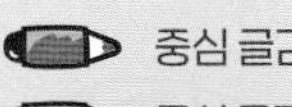 중심 글감에 ○

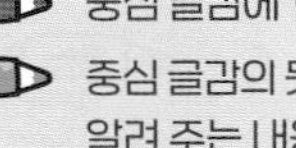 중심 글감의 뜻을 알려 주는 내용에 〰

 주제가 드러나는 부분에 [ ]

✦ 새로 알게 된 낱말이나 어려운 낱말을 써 보세요.

3 회독 ✦ 내가 표시한 내용과 예시 답을 비교하며 읽어 보세요.

깨진 유리창 이론

'깨진 유리창 이론'(중심 글감)이라는 말을 들어 본 적이 있나요? 미국의 범죄학자인 윌슨과 켈링이 소개한 이 이론은 사소한 잘못을 놓아두면 그곳을 중심으로 범죄가 확산된다는 이론입니다.(중심 글감의 뜻)

▶ 깨진 유리창 이론은 사소한 잘못을 놓아두면 그곳을 중심으로 범죄가 확산된다는 이론입니다.

1969년에 미국 스탠포드대학교 심리학 교수였던 필립 짐바르도가 두 대의 차량으로 재미있는 실험을 했습니다. 골목길에 보닛을 열어 둔 차량 두 대를 세워 놓고 한 대만 일부러 유리창을 깼습니다. 그 후 두 차량을 일주일간 방치했더니 보닛만 열어 둔 차량은 멀쩡했습니다. 그런데 창문이 깨져 있던 차량은 타이어와 각종 부속품이 없어지고, 낙서와 쓰레기로 뒤덮인 채 심하게 훼손되어 있었습니다. 누군가 유리창이 깨진 채 놓아둔 차를 주인 없는 차라 생각해 차의 부품 하나를 훔치고, 부품이 없어진 차를 본 다른 사람이 더 많은 부품을 훔치고, 후에 버려진 차가 틀림없다고 생각한 사람들이 차를 더욱더 훼손한 것이지요. 이 실험을 지켜본 윌슨과 켈링은 이후 '깨진 유리창 이론'이라는 이름으로 이 내용을 발표했습니다.

▶ 두 대의 차량 실험에서 창문이 깨진 차가 그렇지 않은 차보다 훨씬 심하게 훼손된 것을 지켜본 윌슨과 켈링이 깨진 유리창 이론을 발표하였습니다.

우리나라에서도 이와 비슷한 실험을 한 적이 있습니다. 사람이 많이 다니는 큰 길가에 빈 음료수 컵을 놓아두었습니다. 그곳은 원래 깨끗한 길이었는데, 얼마 후 음료수 컵을 놓아두었던 주위가 쓰레기로 가득 찼습니다. 주위가 깨끗할 때는 아무도 쓰레기를 버리지 않았는데 누군가 빈 음료수 컵을 쓰레기라고 생각해 그 옆에 쓰레기를 버리자, 그다음부터 너도나도 그 주변에 쓰레기를 버린 것입니다. 이 실험에서도 깨진 유리창 이론을 확인할 수 있었습니다.

▶ 우리나라의 음료수 컵 실험에서도 깨진 유리창 이론을 확인할 수 있었습니다.

범죄를 줄이기 위해 깨진 유리창 이론을 적용한 사례도 있습니다. 1994년 뉴욕은 흉악 범죄가 끊이지 않는 도시였습니다. 특히 지하철에는 낙서가 가득했고, 질서를 지키는 사람을 찾아보기 힘들었습니다. 이 문제로 고민하던 뉴욕 시장은 낙서로 얼룩진 뉴욕의 지하철 때문에 범죄가 확산된다고 생각했습니다. 그래서 지하철 안의 낙서를 지워 범죄를 근절하기로 마음을 먹었습니다. 지하철 안의 모든 낙서를 지우는 데 수년이 걸렸지만 이 과정에서 범죄율이 줄어들었습니다. 깨끗한 지하철역에서 사람들이 함부로 행동하지 못하고 규칙을 지킨 까닭입니다. 낙서 지우기를 시작한 지 3년 만에 범죄가 80%까지 감소하였습니다.

▶ 뉴욕 시장은 깨진 유리창 이론을 적용해 뉴욕시의 범죄를 줄였습니다.

앞서 살핀 실험처럼 사소한 잘못을 바로잡지 않으면 큰 문제가 일어날 수 있습니다. [깨진 유리창 이론은 환경을 깨끗하게 관리하는 것이 범죄를 예방하는 길이 된다는 사실을 가르쳐 주고 있습니다.](주제가 드러나는 부분)

▶ 깨진 유리창 이론은 환경을 깨끗하게 관리하는 것이 범죄 예방에 도움이 된다는 사실을 가르쳐 줍니다.

구조 읽기

① 방치 ② 뉴욕 ③ 잘못

20~21쪽

1 ① **2** (1)○ **3** (1)② (2)① **4** ③ **5** (1)○ **6** (3)○
7 예시 답안 참고

꼼꼼한 이해

중심 내용 파악하기

1 필립 짐바르도의 실험을 지켜본 윌슨과 켈링이 '깨진 유리창 이론'이라는 이름을 붙여 이론을 발표하였다.

세부 내용 파악하기

2 차 두 대 모두 보닛을 열고 일주일간 놓아두었지만, 창문이 깨진 차만 훼손되었다. 창문이 깨진 차가 주인 없는 차라고 생각한 사람들이 부품을 훔치고, 부품이 없어진 차를 본 사람들이 버려진 차라고 생각해서 차를 더욱 훼손하였다.

다의어의 사전적 뜻 이해하기

3 ㉠ '길'은 '원래 깨끗한 길이었는데'에서 '사람이나 차 등이 지나다닐 수 있도록 일정한 너비로 길게 이어진 곳.'의 뜻으로 쓰였다. ㉡ '길'은 '범죄를 예방하는 길'에서 '어떤 목적을 향해 나아가는 방법.'의 뜻으로 쓰였다.

다의어의 문맥적 뜻 이해하기

4 ㉮ '마음을 먹었습니다'에서 '먹다'는 '어떤 마음이나 감정을 품다.'의 뜻으로 쓰였다.

내용 추론하기

5 음료수 컵 실험에서 주위가 깨끗할 때는 아무도 쓰레기를 버리지 않다가, 누군가 빈 음료수 컵을 버린 다음부터 사람들이 너도나도 그 주변에 쓰레기를 버리기 시작했다. 쓰레기를 버린 사람들은 이미 버려진 쓰레기를 보고 따라 버린 것이지, 그곳을 쓰레기장으로 만들어야겠다는 생각으로 버린 것이 아니다.

구체적 사례에 적용하기

6 쓰레기가 가득한 빈터에 예쁜 꽃을 심고 그곳을 정성껏 가꾼 것은 환경을 깨끗하게 관리하여 부정적인 행동을 줄이고자 한 것이므로 '깨진 유리창 이론'을 적용한 사례로 볼 수 있다.

7 예시 답안

교실 바닥에 떨어진 쓰레기를 먼저 본 사람이 주워 쓰레기통에 버리자. 교실 바닥이 깨끗하면 친구들이 함부로 쓰레기를 버리지 않게 되어 교실이 깔끔해지고 마음도 깨끗해질 것이다.

😆	'깨진 유리창 이론'을 적용하고, 다의어 '깨끗하다'를 활용해 의견을 썼습니다.
🙂	'깨진 유리창 이론'을 적용하여 의견을 썼으나 다의어 '깨끗하다'를 활용하지 않았습니다.
☹️	'깨진 유리창 이론'을 적용하지 않았고, 다의어 '깨끗하다'를 활용하지 않았습니다.

03 설명하는 글의 목적

- 설명하는 대상에 ○
- 사춘기에 영향을 미치는 뇌의 기능에 〰
- 중심 생각에 [ ]

✦ 새로 알게 된 낱말이나 어려운 낱말을 써 보세요.

3 회독 ✦ 내가 표시한 내용과 예시 답을 비교하며 읽어 보세요.

사춘기의 뇌

우리 주변에는 (사춘기)(설명하는 대상)를 겪고 있는 형이나 누나, 언니나 오빠가 많이 있습니다. 사춘기가 되면 평소 친절하던 사람이 짜증을 내거나, 부모님과 대화하지 않고 방에서 혼자만의 시간을 보내기도 합니다. 어른들은 이런 모습을 보며 "사춘기가 왔나 보다."라고 말합니다. 사춘기가 무엇이기에 사람을 이렇게 변하게 만드는 걸까요?

▶ 사춘기가 되면 행동에 변화가 생길 수 있습니다.

사춘기는 어린이에서 성인이 되어 가는 과정으로 신체가 급격하게 성장하고 이차 성징이 나타나는 시기입니다. 사람마다 조금씩 차이가 있지만 보통 11~13세 사이에 시작됩니다. 감정의 변화가 심해지고, 아침잠이 많아지거나 외모에 신경을 쓰는 등 이전엔 보이지 않던 모습을 보이기도 합니다. 사춘기에 이런 변화가 생기는 이유는 뇌 발달과 관련이 깊습니다.

▶ 사춘기에 나타나는 변화는 뇌 발달과 관련이 깊습니다.

우리 뇌는 대뇌 피질, 변연계, 뇌간의 3층 구조로 되어 있습니다. 가장 바깥쪽에 있는 대뇌 피질은 감각, 운동, 사고 등을 담당하며, 기능에 따라 전두엽, 두정엽, 측두엽, 후두엽으로 영역이 나뉩니다. 대뇌 피질의 안쪽에 있는 변연계는 기억과 감정, 후각 등을 담당합니다. 사춘기에는 변연계가 빠르게 발달하며 거의 완성됩니다. 하지만 이성적이고 논리적인 사고를 담당하는 대뇌 피질의 전두엽은 느리게 발달합니다.(사춘기에 영향을 미치는 뇌의 기능) 이 발달 속도의 차이 때문에 사춘기에는 전두엽보다 변연계의 영향을 많이 받습니다. 그래서 감정을 조절하는 것이 어렵고, 이성적으로 판단하기보다는 감정이 앞서는 행동을 많이 하게 되는 것입니다.

▶ 전두엽과 변연계의 발달 속도가 달라 이성보다 감정의 영향을 크게 받습니다.

사춘기의 뇌는 대뇌 피질의 영역 중 후두엽이 특히 발달합니다. 후두엽은 눈으로 들어온 시각 정보를 받아들여 분석하는 역할을 합니다. 외모에 관심이 많아지고 예쁘고 잘생긴 연예인에 열광하는 것이 바로 이 후두엽의 발달 때문입니다.

▶ 외모에 관심이 많아지는 것은 후두엽의 발달 때문입니다.

뇌에서 분비되는 호르몬도 사춘기의 변화에 영향을 줍니다. 뇌에서 분비되는 호르몬인 멜라토닌은 수면을 유도하는 호르몬입니다. 사춘기가 되면 멜라토닌이 분비되는 시간이 점점 늦어집니다. 그래서 다른 사람들이 졸음을 느끼는 시간보다 사춘기 청소년들은 한두 시간 늦게 졸음을 느끼게 됩니다.

▶ 멜라토닌이 분비되는 시간이 늦어져 늦게 자고 늦게 일어납니다.

[사춘기의 다양한 변화는 뇌의 발달 과정에서 나타나는 현상입니다. 뇌의 구조와 기능이 성숙해지는 과정에서 자연스럽게 나타나는 결과이지요.](중심 생각) 이런 변화들은 사춘기가 지나가면서 점차 줄어듭니다. 사춘기에 변화하는 모습과 이유를 알면 사춘기인 청소년과 주변 어른들이 소통하는 데 도움이 될 것입니다.

▶ 사춘기의 다양한 변화는 뇌의 발달 과정에서 나타나는 자연스러운 결과입니다.

구조 읽기

❶ 사춘기 ❷ 후두엽 ❸ 멜라토닌

26~27쪽

1 사춘기 **2** ④ **3** 이나 **4** ③ **5** (2) ○ **6** ③
7 예시 답안 참고

중심 내용 파악하기

1 이 글은 사춘기에 감정이나 행동에 변화가 생기는 이유를 뇌 발달과 관련지어 설명하고 있다.

세부 내용 파악하기

2 후두엽은 눈으로 들어온 시각 정보를 받아들여 분석하는 역할을 한다.

글의 목적 파악하기

3 이 글은 지식이나 정보를 사실대로 전달하려는 목적으로 쓰인 글이다. 사춘기에 나타나는 행동과 감정의 변화가 뇌의 발달 과정에 따른 자연스러운 현상이라고 설명하고 있다.

읽기 방법 이해하기

4 사춘기 청소년에 대한 글쓴이의 솔직한 심정이 드러나는 부분은 이 글에서 찾을 수 없다.

④ 대뇌 피질의 영역을 나타낸 그림에서 시각 정보를 분석하는 후두엽을 찾을 수 있다.
⑤ 뇌의 3층 구조를 나타낸 그림과 이를 설명하는 내용을 연결하여 글의 내용을 파악할 수 있다.

빈칸에 들어갈 내용 추론하기

5 ㉠ 뒤에 이어지는 문장은 사춘기에는 감정을 조절하기 어렵고, 이성적인 판단보다 감정이 앞서는 행동을 많이 하게 된다는 내용이다. 문장의 흐름으로 보아 ㉠에는 이러한 행동을 하는 까닭이 나와야 한다. 그러므로 ㉠에는 이성적이고 논리적인 사고를 담당하는 전두엽보다 기억과 감정, 후각을 담당하는 변연계의 영향을 많이 받는다는 내용이 들어가는 것이 자연스럽다.

구체적 사례에 적용하기

6 **보기**는 사춘기 자녀의 달라진 모습을 자연스럽게 받아들여야 한다고 말하고 있으므로, 사춘기 자녀의 변화를 이해해 주는 노력이 필요하다는 말을 해 주는 것이 알맞다.

7 **예시 답안** 사춘기에 나타나는 변화는 뇌의 발달 과정에 따른 자연스러운 현상임을 잊지 말자. 좋아하는 취미 활동을 하며 마음을 편안하게 하자. 가족들과 대화가 필요할 때는 감정이 차분해졌을 때 이야기하거나 편지를 써서 소통하는 것도 좋은 방법이야.

	사춘기를 겪게 될 나에게 하고 싶은 말을 썼습니다.
	사춘기에 대한 내용을 썼으나, 나에게 하고 싶은 말을 쓰지 못했습니다.
	사춘기와 관련된 내용을 쓰지 못하고, 나에게 하고 싶은 말도 쓰지 못했습니다.

성찰하는 글의 특징

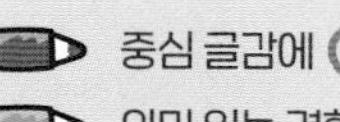
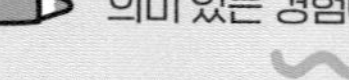

- 중심 글감에 ○
- 의미 있는 경험에 ～
- 글쓴이의 깨달음에 [ ]

✦ 새로 알게 된 낱말이나 어려운 낱말을 써 보세요.

3회독 ✦ 내가 표시한 내용과 예시 답을 비교하며 읽어 보세요.

다육 식물 호야

우리 집 베란다에는 화분이 옹기종기 모여 있다. 바질은 냄새가 향긋하고, 제라늄은 꽃이 자주 핀다. 진한 향기를 내뿜는 바질도 좋고, 꽃이 자주 피는 제라늄도 좋지만, (내가 제일 좋아하는 식물)(중심 글감)은 따로 있다.

▶ 우리 집 베란다에 내가 좋아하는 식물이 있다.

내가 초등학교에 입학할 즈음에, 할머니께서 키우시던 다육 식물의 줄기를 뜯어 주시며 심어 보라고 하셨다.(의미 있는 경험) 할머니께서는,

"다육 식물은 잎에 물을 저장하고 있으니 물을 많이 안 줘도 돼. 햇빛만 많이 보여 주렴. 공기를 깨끗하게 하는 식물이니 잘 키워 봐."

라고 말씀하셨다.

▶ 내가 초등학교에 입학할 즈음에 할머니로부터 다육 식물의 줄기를 받았다.

나는 '잎 하나 달랑 붙은 줄기가 잘 자랄 수 있을까?'라는 생각이 들었지만 흙만 있던 화분에 꽂아 놓고 할머니 말씀대로 가끔 물을 주었다. 그런데 언제부터인가 잎 하나가 여러 장이 되면서 자리를 잡기 시작하였다. 놀랍게도 뿌리가 생기고 줄기와 잎이 많아지면서 통통하고 옹골차게 자라났다. 줄기에 달린 잎 하나가 버젓한 식물이 되다니……. 식물의 생명력은 대단했다.

▶ 다육 식물의 줄기를 화분에 심고 물을 주었더니 버젓한 식물로 자라났다.

나는 이 다육 식물에 대해 좀 더 알고 싶어졌다. 할머니께서 이 다육 식물을 주실 때 '호야'라고 하신 게 기억나 백과사전에서 호야를 찾아보았다. 호야는 원산지가 일본, 중국, 오스트레일리아이며 봄과 여름에 꽃이 핀다고 했다. 그런데 내가 키우는 호야는 꽃이 피지 않았다. 언제 꽃이 피나 궁금해하면서 여러 해를 보냈고 나는 4학년이 되었다. 호야는 그동안 잎이 엄청 많아지고 화분 밑으로 근사하게 늘어져 자랐다.

그런데 지난주부터 호야에게 처음 보는 일이 생겼다. 방울처럼 생긴 봉우리가 한꺼번에 모여서 줄기에 달렸다. 어느새 방울이 분홍색 별 모양으로 바뀌었다. 1주일 정도 지나자 분홍색 별 모양 봉우리가 안쪽에서부터 갈라졌다. 드디어 오늘, 정말 신비롭고 놀라운 일이 일어났다. 호야에 꽃이 핀 것이다! 꽃은 정말 예뻤다. 꽃의 크기는 엄지손톱만 하게 작았지만 꽃잎이 두껍고 튼튼했다. 꽃 안쪽에 별 모양이 하나 더 있었다. 꽃의 색은 분홍색인데 별 모양 안쪽은 짙은 자주색이었다. 꽃에는 작은 털이 있고, 가운데 부분은 반짝반짝 윤기가 흘렀다. 꽃의 탄생 과정이 너무 신기했다.

▶ 호야를 심은 지 4년째에 호야가 꽃을 피웠다.

내가 초등학교에 입학할 때부터 지금까지 나와 가족처럼 같이 자란 호야가 참 좋다. 내가 학교에 적응을 잘한 것처럼 호야도 우리 집 환경에 적응을 잘해서 좋다. [호야가 포기하지 않고 꽃을 피우는 모습을 보며, 지금까지 하다가 잘 안되면 쉽게 포기했던 내 모습을 반성하게 되었다.](글쓴이의 깨달음) 이제부터는 나도 내 꿈을 이루기 위해 꾸준히 노력해서 언젠가 호야처럼 나만의 꽃을 피우고 싶다.

▶ 포기하지 않고 꽃을 피운 호야처럼 나도 나만의 꽃을 피우고 싶다.

구조 읽기

❶ 식물 ❷ 다육 ❸ 꿈

32~33쪽

1 ㉰, ㉮, ㉱, ㉯　**2** ④, ⑤　**3** 민지　**4** (1) ㉠, ㉢ (2) ㉡, ㉣, ㉤
5 (1) ○　**6** (3) ×　**7** **예시 답안** 참고

글의 흐름 파악하기

1 '내'가 초등학교에 입학할 즈음에 할머니로부터 잎이 하나 달린 다육 식물의 줄기를 받았다. 줄기를 화분에 꽂아 놓고 물을 주었더니 잘 자랐다. 호야에 대해 더 알고 싶어진 '나'는 백과사전을 찾아보고 호야의 원산지와 호야가 꽃이 핀다는 사실을 알게 되었다. 시간이 흘러 '나'는 4학년이 되었고 어느 날 호야는 분홍색 별 모양의 꽃을 피웠다.

세부 내용 파악하기

2 '나'는 초등학교에 입학할 때부터 호야와 가족처럼 같이 자라고, '내'가 학교에 적응을 잘한 것처럼 '호야'도 우리 집 환경에 적응을 잘해서 좋다고 하였다.

성찰하는 글의 특징 파악하기

3 이 글은 글쓴이가 자신의 생각과 마음을 살펴서 쓴 성찰하는 글이다. 이러한 글에는 글쓴이가 경험한 일과 그때의 깨달음이 솔직하게 드러난다.

경험과 깨달음 구분하기

4 ㉠과 ㉢은 글쓴이가 경험한 일을 나타낸 부분이다. ㉡, ㉣, ㉤은 호야를 지켜보면서 글쓴이가 느끼고 생각하고 깨달은 내용을 나타낸 부분이다.

구체적 사례에 적용하기

5 호야의 꽃은 분홍색 별 모양이며 꽃 안쪽에 하나 더 있는 별 모양은 짙은 자주색이다.

적절하게 반응하기

6 글쓴이가 할머니에게 선물을 드렸다는 내용은 이 글에 나와 있지 않다. 또 글쓴이는 어릴 때 경험한 일을 지금 일어난 일처럼 쓰지도 않았다.

(2) 꽃이 피지 않았던 호야가 몇 년이 지나 예쁜 꽃을 피운 것에서 꾸준히 노력하면 좋은 결과를 얻을 수 있다는 생각을 할 수 있다.

7 **예시 답안**

- 내가 고른 경험은 강낭콩 기르기이다.
- 이 경험을 다른 사람들과 나누고 싶은 이유는 강낭콩 한두 개를 화분에 심은 후 새싹이 쑥 올라오는 과정을 지켜본 일이 놀랍고 감동적이었기 때문이다.

(웃는 얼굴)	나누고 싶은 경험과 그 경험을 고른 이유를 알맞게 썼습니다.
(보통 얼굴)	나누고 싶은 경험은 썼으나, 그 경험을 고른 이유를 알맞게 쓰지 못했습니다.
(찡그린 얼굴)	나누고 싶은 경험과 그 경험을 고른 이유를 둘 다 쓰지 못했습니다.

05 주장하는 글의 목적

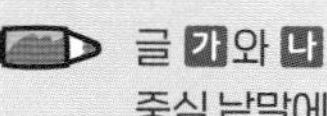 글 가와 나의 중심 낱말에 ○

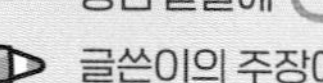 글쓴이의 주장에 ~~~

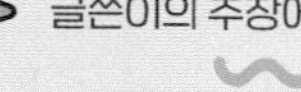 주장을 뒷받침하는 근거에 [ ]

✦ 새로 알게 된 낱말이나 어려운 낱말을 써 보세요.

3회독 ✦ 내가 표시한 내용과 예시 답을 비교하며 읽어 보세요.

잘하는 일과 좋아하는 일 중 무엇을 직업으로 삼아야 할까?

가 직업은 내가 좋아하는 일보다 잘하는 일로 선택해야 한다.
(글 가를 쓴 글쓴이의 주장)

(직업)은 '먹고살기 위하여 자신의 적성과 능력에 따라 일정한 기간 계속하여 종사하는 일'을 뜻합니다. (글 가와 나의 중심 낱말) 놀이나 취미와 달리 직업의 목적은 생계를 유지하는 데 있지요. 직업을 통해 생계를 유지하고 더 나아가 높은 생활 수준을 누리기 위해서는 내가 잘하는 일을 직업으로 선택해야 합니다.

▶ 주장: 직업은 내가 좋아하는 일보다 잘할 수 있는 일로 선택해야 합니다.

그 첫 번째 근거는 [내가 잘하는 일을 하면 그렇지 않을 때보다 성공할 확률이 높기 때문입니다.] (글 가의 주장을 뒷받침하는 근거) 어떤 분야에서 성공하려면 전문적인 능력이 필요합니다. 내가 잘하는 일을 하면 전문적인 능력을 쌓기가 쉽고, 이를 통해 성과를 내기도 수월할 것입니다.

▶ 근거 ① 잘하는 분야에서 성공할 확률이 높습니다.

두 번째 근거는 [일을 잘해서 성공을 맛보면, 그 일을 좋아하게 될 수도 있기 때문입니다.] 좋아하지 않는 일이라도 꾸준히 하다 보면 재미와 보람을 느끼는 경우가 있습니다. 일을 하며 좋은 결과를 얻고 나면 스스로 뿌듯해지는 것은 물론 주변 사람들로부터 인정을 받게 됩니다. 일하며 얻은 성공은 의욕을 북돋아 내가 그 일을 더 열심히 하고 좋아하게 만들어 줄 것입니다.

일에 대한 자긍심을 갖고, 만족스러운 삶을 살기 위해서는 자신의 재능과 능력을 우선으로 고려해 직업을 선택해야 합니다.

▶ 근거 ② 내가 잘하는 일을 하다 보면 그 일을 좋아하게 될 수도 있습니다.

나 직업은 내가 잘하는 일보다 좋아하는 일로 선택해야 한다.
(글 나를 쓴 글쓴이의 주장)

우리 주변에는 만화를 좋아해서 웹툰 편집자가 되거나, 축구를 좋아해서 축구 선수가 된 사람처럼 취미와 직업이 일치하는 사람들이 있습니다. 좋아하는 일을 직업으로 삼는 것은 많은 현대인들이 꿈꾸는 일입니다. 한 번뿐인 삶에서, 직업은 내가 잘할 수 있는 일보다 내가 좋아하는 일로 선택해야 합니다.

▶ 주장: 직업은 내가 잘할 수 있는 일보다 좋아하는 일로 선택해야 합니다.

그 근거는 첫째, [돈을 많이 버는 것보다 행복하게 사는 것이 더 중요하기 때문입니다.] (글 나의 주장을 뒷받침하는 근거) 우리나라 성인들은 긴 시간 동안 일하며, 일하는 동안 받는 스트레스도 적지 않습니다. 자신이 좋아하는 일을 한다면 그렇지 않을 때보다 즐겁게 할 수 있어서 삶의 질이 향상될 것입니다. 돈을 많이 벌더라도, 하기 싫은 일을 매일 해야 한다면 그 삶은 불행할 것입니다.

▶ 근거 ① 돈을 많이 버는 것보다 행복하게 사는 것이 더 중요합니다.

둘째, [좋아하는 일을 꾸준히 하다 보면, 그 일을 잘하게 될 수 있기 때문입니다.] 일을 하다가 어려움을 마주하게 되더라도, 그 일이 내가 좋아하는 일이라면 포기하지 않고 어려움을 해결하려고 노력할 것입니다. 그리고 그 과정에서 지속적으로 발전하고 성장하여 잠재력을 최대로 발휘하게 될 것입니다.

따라서 직업을 선택할 때는 열정을 쏟을 수 있도록 좋아하는 일을 선택해야 합니다. 이는 사람들의 행복감을 높여 주고, 결과적으로 더 나은 삶을 살게 할 것입니다.

▶ 근거 ② 좋아하는 일을 꾸준히 하다 보면 그 일을 잘하게 될 수 있습니다.

구조 읽기

❶ 성공 ❷ 행복

38~39쪽

1 ⑤ **2** ④ **3** (1) ①, ③ (2) ②, ④ **4** (2) ○ **5** 글 가
6 (1) 글 가 (2) 글 나 **7** **예시 답안** 참고

주제 파악하기

1 글 가는 자신이 잘하는 일을 직업으로 삼아야 한다고, 글 나는 자신이 좋아하는 일을 직업으로 삼아야 한다고 주장하고 있다. 두 글을 아우를 수 있는 제목은 '잘하는 일과 좋아하는 일 중 무엇을 직업으로 삼아야 할까?'이다.

낱말의 사전적 뜻 파악하기

2 ㉣ '잠재력'은 '겉으로 드러나지 않고 속에 숨어 있는 힘.'을 뜻한다.

적절한 근거 파악하기

3 글 가는 직업을 내가 좋아하는 일보다 잘하는 일로 선택해야 하는 근거로, 잘하는 분야에서 일하면 그렇지 않을 때보다 성공할 확률이 높고, 일을 잘해서 성공을 맛보면 그 일을 좋아하게 될 수도 있다는 점을 들었다. 글 나는 직업을 내가 잘하는 일보다 좋아하는 일로 선택해야 하는 근거로, 돈을 많이 버는 것보다 일하며 받는 스트레스를 줄여 행복하게 사는 것이 더 중요하다는 점, 좋아하는 일을 꾸준히 하다 보면 그 일을 잘하게 될 수 있다는 점을 들었다.

글의 목적 파악하기

4 글 가와 나처럼 주장과 근거가 드러난 글을 '주장하는 글'이라고 하며, 이러한 글의 목적은 읽는 사람을 설득하는 것이다. (2)는 좋아하지 않는 일을 하면 삶의 질이 떨어질 거라고 생각하므로 글 나의 주장에 설득된 반응으로 알맞다.

자료 이해하기

5 제시된 글은 초등학생들의 희망 직업 1위가 디지털 개인 창작자라는 설문 조사 결과를 들어, 학생들은 자신의 적성과 장점, 재능을 고려하여 직업을 희망해야 한다고 말하고 있다. 이는 직업은 자신이 잘하는 일로 선택해야 한다는 글 가의 주장에 가깝다.

근거 자료 이해하기

6 (1)은 좋아하는 일을 할 때보다 맡은 일을 잘한다고 느낄 때 일을 하며 만족감을 느끼는 때가 많다는 결과를 보여 주는 그래프이므로, 글 가의 근거이다. (2)는 직업을 선택하는 기준으로 내가 좋아하는 일을 선택해야 한다는 응답이 많이 나온 그래프이므로, 글 나의 근거이다.

7 **예시 답안** 직업은 내가 잘하는 일로 선택해야 한다. 왜냐하면 잘하는 일을 해야 성과를 내기가 수월하기 때문이다. 만약 내가 좋아하는 일이 직업이 된다면, 그 일에서 성과를 내야 한다는 부담감 때문에 더는 그 일을 좋아하지 않게 될 수도 있다.

😆	주장을 뒷받침하는 근거를 설득력 있게 썼습니다.
🙂	주장을 뒷받침하는 근거를 썼으나, 설득력이 부족합니다.
🙁	주장을 뒷받침하는 근거를 쓰지 못했습니다.

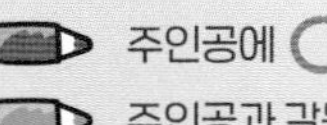

06 인물의 역할

- 주인공에 ○
- 주인공과 갈등 관계에 있는 반동 인물에 〰
- 주인공과 반동 인물을 보조하는 인물에 [ ]

✦ 새로 알게 된 낱말이나 어려운 낱말을 써 보세요.

3 회독 ✦ 내가 표시한 내용과 예시 답을 비교하며 읽어 보세요.

귓속말 금지 구역

세상은 꼭 지옥 같은 어두운 시간들만 있는 건 아니다. 아니, 지옥 같은 시간들이 있으면 눈부신 천국 같은 시간들도 있다. 살다 보면, 때로 어둡고 긴 터널도 지나는데, 터널은 길고 긴 삶에 비하면 그야말로 순식간에 지나간다.

아무리 강한 힘을 가진 절대 권력의 소유자라 하더라도 허점이 있기 마련이다. 되도록 그 허점을 남에게 내보이지 않기 위해, 부단히 노력하겠지만 한번 허점이 노출되면 절대 권력도 한순간에 무너져 내린다.

예린이가 그랬다. (주인공과 갈등 관계에 있는 반동 인물)

(내)(주인공)가 그날 본 그 한 장면은 모든 걸 뒤바꿔 놓았다.

나는 예린이가 교실에서 태주에게 하던 행동을 봤지만 못 본 척했고, 예린이는 내가 그 광경을 보고도 못 본 척하고 있다는 것을 알고 있는 듯했다.

▶ '나'는 예린이가 교실에서 태주에게 하던 행동을 보고 예린이의 허점을 알게 되었다.

예린이가 옆에 지나가는 아무 애나 붙잡고, 나를 힐끔거리며 귓속말을 해도 나는 더 이상 두렵지 않았다. 무시하고, 그 앞을 당당하게 지나갔다. 예린이도 그걸 알아차린 모양이었다. 그 뒤로, 더 이상 내 앞에서 귓속말을 하지 않았다.

그 대신 나한테 귓속말을 하기 시작했다.

내가 화장실에서 나오는데 뒤에서 예린이가 재빨리 따라 나왔다. 예린이 옆에는 그림자처럼 따라다니는 [지현이](주인공과 반동 인물을 보조하는 인물)가 있었다.

예린이는 내 옆으로 오더니, 갑자기 내 귀에 대고 귓속말을 하기 시작했다.

"우리 이제부터 친하게 지내자."

▶ '내'가 예린이의 귓속말을 두려워하지 않자 예린이는 이제 '나'에게 귓속말을 하기 시작했다.

예린이는 지현이를 경멸스러운 눈빛으로 힐끔힐끔 보더니 또다시 나한테 귓속말을 했다.

"이따 끝나고 떡볶이 먹으러 갈 건데, 같이 갈래? 내가 살게."

겨우 이거였어? 이런 내용이었어?

놀랍다기보다는 실망스러웠다. 나를 그토록 괴롭게 했던 귓속말이, 고작 떡볶이 먹으러 같이 가자는 내용이었다니.

속았다!

그런데 지현이 표정이 곧 울 것처럼 울상이 됐다. 저런 기분 알 것도 같았다. 내가 내내 당했으니까. 똥물을 뒤집어쓴 기분 말이다.

나는 지현이가 들을 수 있도록 일부러 큰 소리로 말했다.

"떡볶이 먹으러 가자고? 난 싫은데?"

이번에는 예린이 얼굴이 흙빛이 되었고, 지현이 얼굴이 밝아졌다. 예린이가 나를 노려보았다. 하지만 전혀 겁나지 않았다. 이제 나에게 귓속말 따위, 통하지 않는다는 걸 너도 알아야 해.

▶ 예린이의 귓속말이 별거 아닌 내용이라는 것을 알게 되어 실망스러웠다.

❶ 태주 ❷ 허점 ❸ 귓속말

46~47쪽

1 (3) × **2** (1) ② (2) ③ **3** ② **4** (1) 예린 (2) 지현 **5** 소윤
6 (1) ○ **7 예시 답안** 참고

세부 내용 파악하기

1 '나'는 예린이가 교실에서 태주에게 하던 행동을 봤지만 못 본 척했다. 예린이의 허점을 알게 된 뒤 예린이를 두려워하지 않게 된 것일 뿐 협박한 것은 아니다.

문맥 파악하기

2 ㉠ '절대 권력의 소유자'는 예린이를, ㉡ '허점'은 예린이가 교실에서 태주에게 하던 행동을 가리킨다.

인물의 심리 변화 파악하기

3 예린이의 허점을 알기 전에는 예린이가 '나'의 앞에서 귓속말을 할 때 두려운 기분, 똥물을 뒤집어쓴 기분이 들었지만, 허점을 알게 된 후로는 아무렇지 않았다.

인물의 역할 파악하기

4 이 이야기의 주인공은 '나'이고, 주인공과 갈등 관계에 있는 반동 인물은 '예린'이며, 보조 인물은 '지현'이다.

글의 맥락 추론하기

5 예린이가 교실에서 태주에게 하는 행동을 본 후 '나'는 예린이의 허점을 알게 되었다. 예린이는 자신이 약점을 잡혔다고 생각했기에 '나'의 비위를 맞추며 친하게 지내자고 귓속말을 하기 시작한 것이다.

글의 내용 감상하기

6 이 이야기에는 귓속말을 하며 친구의 마음을 상하게 하는 내용이 드러나 있다. 정겨운 귓속말이 다른 사람을 괴롭힐 수 있으므로 앞으로 다른 사람을 힐끔거리며 귓속말하는 행동을 하지 않아야겠다고 생각할 수 있다.

7 예시 답안 나는 귓속말을 금지하는 규칙에 찬성한다. 그 이유는 첫째, 귓속말을 하면 상대에 대한 험담을 하는 것이라는 오해를 불러일으킬 수 있기 때문이다. 둘째, 귓속말을 듣지 못하는 친구들은 소외감을 느낄 수 있기 때문이다.

	내 의견을 고르고 그 이유를 알맞게 썼습니다.
	내 의견을 고르고 그 이유를 썼으나, 의견과 이유가 서로 어울리지 않습니다.
	내 의견을 골랐으나 그렇게 생각한 이유를 쓰지 못했습니다.

07 가리키는 말

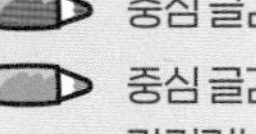
중심 글감에 ○
중심 글감을 가리키는 말에 〰

✦ 새로 알게 된 낱말이나 어려운 낱말을 써 보세요.

3회독 ✦ 내가 표시한 내용과 예시 답을 비교하며 읽어 보세요.

고흐의 「해바라기」

빈센트 반 고흐를 아시나요? 그는 네덜란드에서 태어나 프랑스에서 활동한 화가예요. 대표적인 작품 「해바라기」는 그가 1888년과 1889년 사이에 프랑스 남부의 아를에서 그린 12개의 작품으로, '해바라기 연작'이라고 불려요. 연작 12개 중 7개는 해바라기가 하나의 꽃병에 담긴 모습을 그린 정물화예요. 정물화는 움직이지 못하는 물체들을 놓고 그린 그림을 말해요.

▶ 고흐는 정물화인 '해바라기 연작'을 그렸어요.

연작 중 하나인 「15송이의 해바라기」(중심 글감)를 자세히 살펴볼까요? 고흐는 이 작품에서 해바라기를 실제 모습과 똑같이 그리지 않았어요. 해바라기 형태를 단순화하여 짧고 굵은 붓질로 힘있게 나타냈지요. 또한 색채와 빛을 연구하여 해바라기의 꽃잎을 환한 노란색부터 차분한 갈색까지 다양한 색조로 표현했어요. 고흐는 대상을 있는 그대로 그리기보다는 자신의 느낌을 살려 개성적으로 표현하는 데 관심이 있었어요. 그는 자신만의 감정과 에너지를 형태와 색채에 반영한 독창적인 방식을 보여 주었지요.

▶ 고흐는 자신만의 독창적인 방식으로 해바라기를 그렸어요.

고흐는 다양한 모습의 해바라기들을 그렸어요. 이 그림(「15송이의 해바라기」를 가리키는 말)에도 활짝 피어있는 해바라기와 중간중간에 시들어 있는 해바라기가 섞여 있지요. 아래쪽에는 완전히 시든 상태의 해바라기도 있네요. 이처럼 해바라기의 다양한 모습은 생명과 죽음, 희망과 절망 등을 표현한 거예요.

▶ 고흐는 다양한 모습의 해바라기를 그리면서 생명과 죽음, 희망과 절망 등을 표현했어요.

고흐가 프랑스 아를의 노란 집에서 살 때 친구인 폴 고갱이 찾아왔어요. 고흐는 그의 방문을 환영하기 위해 해바라기를 그려 벽면을 꾸몄다고 해요. 고갱은 약 2개월 동안 노란 집에 머물렀죠. 그림 저 아래쪽에 해바라기가 놓인 테이블과 노란 벽의 경계선을 파란색으로 그어 놓은 것이 보이시죠? 그것을 보면 고흐가 살았던 노란 집의 벽면을 상상해 볼 수 있어요. 고흐는 행복을 상징하는 해바라기를 통해 고갱과 즐거운 예술적 협력을 기대했을지도 모르겠어요. 그에게 해바라기는 단순한 행복을 넘어 삶에 대한 철학과 예술적 열정을 담은 특별한 주제였으니까요.

▶ 고흐는 친구인 폴 고갱을 환영할 때 벽면을 꾸미기 위해 해바라기를 그렸어요.

고흐의 '해바라기 연작'은 실험적인 기법을 통해 빛과 색상의 아름다움을 표현한 대표적인 작품이에요. 예술사에서 유명한 정물화 시리즈 중 하나이기도 하지요. 이 작품들은 고흐의 예술적 탐구 정신과 열정이 빚어낸 결실로서, 그의 작품 세계를 이해하는 데 중요한 역할을 한답니다.

▶ '해바라기 연작'은 고흐의 작품 세계를 이해하는 데 중요한 역할을 해요.

구조 읽기

❶ 자신 ❷ 희망 ❸ 고갱 ❹ 고흐

52~53쪽

1 ④, ⑤ **2** (1) 정물화 (2) 형태와 색채를 개성적으로 표현함. **3** ㉣
4 (1) ③ (2) ① (3) ② **5** 은수 **6** (2) ○ **7** **예시 답안** 참고

서술 방식 파악하기

1 이 글은 고흐의 '해바라기 연작' 중 「15송이의 해바라기」 작품을 보면서 고흐의 독창적인 표현 방식과 그림의 주제 등을 살펴보고 있다.

세부 내용 파악하기

2 「15송이의 해바라기」는 화병과 그 안에 담긴 해바라기를 그린 정물화이다. 이 그림을 그릴 때 고흐는 해바라기의 형태와 색채를 개성적으로 표현하였다.

가리키는 대상 파악하기

3 ㉣은 고갱을 가리킨다. 나머지는 모두 고흐를 가리킨다.

가리키는 말의 뜻 파악하기

4 ㉮ '저'는 말하는 이와 듣는 이로부터 멀리 있는 그림 아래쪽을 가리킨다.
㉯ '그것'은 앞 문장에서 말한 테이블과 노란 벽의 경계선을 가리킨다.
㉰ '이'는 앞 문장에서 말한 고흐의 연작 「해바라기」를 가리킨다.

글의 내용 감상하기

5 고흐는 해바라기 형태를 단순화하여 짧고 굵은 붓질로 힘있게 나타냈고, 해바라기의 꽃잎을 환한 노란색부터 차분한 갈색까지 다양한 색조로 표현했다.

미나: 사진을 찍은 것처럼 실제와 똑같이 그린 해바라기 그림을 감상하였다. 그러나 고흐는 해바라기를 자신만의 느낌을 살려서 개성적으로 표현했다.
예진: 고흐가 해바라기를 도형으로 표현했다는 내용은 이 글에서 찾을 수 없다.

다른 자료와 비교하기

6 이 글에서 고흐는 다양한 상태의 해바라기를 그려서 삶과 죽음을 나타내었다고 하였다. **보기**에서 뱅크시는 자동차 매연에 시든 해바라기를 묘사하여 오염된 환경과 예술을 비판하였다고 하였다.

(1) 뱅크시의 그림에는 생명력이 넘치는 해바라기가 아니라 시든 해바라기가 묘사되어 있다. 따라서 자연의 생명력과 아름다움을 표현하고 있다고 이해하는 것은 알맞지 않다.

7 **예시 답안** 내가 가장 좋아하는 인형은 곰 인형이다. 이 인형은 털이 부드럽고 포근하다.

😆	가리키는 말을 적절히 사용하여 글을 썼습니다.
🙂	가리키는 말을 사용했으나 쓰임이 어색합니다.
🙁	가리키는 말을 넣어 글을 쓰지 못했습니다.

08 글을 읽으며 질문하기

중심 글감에 ○
지진이나 화산 활동이 일어나는 까닭에 〰
글에 나타난 질문에 대한 답에 [ ]

✦ 새로 알게 된 낱말이나 어려운 낱말을 써 보세요.

3회독 ✦ 내가 표시한 내용과 예시 답을 비교하며 읽어 보세요.

불의 고리

최근 우리나라에서 규모 4.8의 지진이 발생하였다. 우리나라는 4.8 규모에도 깜짝 놀랄 만큼 지진이 드물게 발생하고 그 규모가 약한 편에 속한다. 하지만 일본, 대만, 필리핀 등의 지역에서는 규모 6.0 이상의 (지진과 화산 활동)(중심 글감)으로 인한 피해가 자주 발생한다. 왜 몇몇 나라를 중심으로 지진과 화산 활동이 많이 일어나는 것일까?

▶ 특정 지역에서 지진과 화산 활동이 자주 일어난다.

지진과 화산 활동을 설명하는 중요한 이론 중 하나가 판 구조론이다. 이 이론의 핵심 내용은 지구의 겉면이 여러 개의 큰 조각들로 나누어져 있고, 이 조각들이 움직이고 있다는 것이다. 이 조각들을 '지각판'이라고 부른다. 대표적인 판으로 아프리카판, 남극판, 태평양판 그리고 우리나라가 속해 있는 유라시아판 등이 있다. 그렇다면 지각판의 움직임은 왜 일어나고, 그것이 어떻게 지진과 화산 활동을 일으키는지 알아보자.

▶ '판 구조론'은 지진과 화산 활동을 설명하는 중요한 이론이다.

지구는 세 가지 층으로 이루어져 있다. 첫 번째는 지각으로, 지구의 표면을 말한다. 바다, 땅, 산, 강 등이 있어서 우리가 걷고 놀며 사는 곳이다. 지각은 여러 지각판이 마치 퍼즐처럼 서로 맞대어져 있다. 지각 아래에는 맨틀이 있다. 맨틀은 고체로 이루어져 있지만 지구 내부의 열과 온도 차에 의해서 아주 조금씩 움직인다. 1년에 겨우 수 cm를 움직이지만, 맨틀은 지각판이 움직이는 데 아주 중요한 역할을 한다. 지구의 가장 안쪽에는 핵이 있다. 핵은 다시 내핵과 외핵으로 나뉘는데, 내핵은 고체 상태로, 외핵은 액체 상태로 그 온도가 엄청나게 높은 것이 특징이다. 지구의 핵에서 나오는 열은 지구를 따뜻하게 유지하고 외부의 영향으로부터 지구를 지키는 데 도움을 준다.

▶ 지구는 지각, 맨틀, 핵의 세 가지 층으로 이루어져 있다.

지각의 움직임이나 지진과 화산 활동은 이들 세 층의 상호 작용을 통해 일어난다.(지진이나 화산 활동이 일어나는 까닭) 먼저 핵에서 발생하는 아주 높은 열로 인해 맨틀이 움직이게 된다. 맨틀이 움직이면서 그 위의 지각판도 움직이는데 이러한 움직임이 오랜 시간 쌓이면 지각판들이 서로 부딪히거나 멀어지게 된다. 엄청난 크기의 지각판들끼리 서로 충돌하거나 떨어지는 과정에서 지진이나 화산 등의 현상이 일어난다.

▶ 지각의 움직임이나 지진과 화산 활동은 지각, 맨틀, 핵의 상호 작용을 통해 일어난다.

따라서 [지진과 화산 활동은 지각판들이 서로 만나는 지점에서 많이 발생하게 된다.](글에 나타난 질문에 대한 답) 특히 태평양판을 중심으로 여러 지각판이 맞물리는 경계에 있는 지역은 지진과 화산 활동이 매우 활발하여 '불의 고리'로 불린다. 전 세계에서 발생하는 지진의 90% 이상이 이 지역에서 발생하고, 전 세계 화산의 75% 이상이 이곳에 몰려 있다. 그렇기 때문에 '불의 고리' 지역에 위치한 나라들에서는 지진과 화산 활동으로 큰 피해가 발생하기도 한다. 불의 고리에 속한 대표적인 나라로는 일본, 대만, 필리핀, 인도네시아, 미국, 페루 등이 있다.

▶ 지진과 화산 활동은 '불이 고리' 지역에 위치한 나라에서 자주 일어난다.

❶ 판 구조론 ❷ 상호 작용 ❸ 불의 고리

58~59쪽

1 ① **2** ㉠, ㉡, ㉢ **3** (1) × (2) ○ (3) × (4) ○ **4** (1) ○ **5** 지웅
6 ②, ⑤ **7** **예시 답안** 참고

세부 내용 파악하기

1 맨틀은 고체로 이루어져 있으며 지구 내부의 열과 온도 차로 인해 아주 조금씩 움직인다.

과정 파악하기

2 핵의 높은 열로 인해 맨틀이 움직이면(㉠), 맨틀 위의 지각판이 움직이고(㉡), 지각판끼리 충돌하거나 멀어져(㉢) 지진 또는 화산 활동이 일어난다.

글의 내용을 확인하는 질문 알기

3 (1) 지진이 발생하면 어떻게 대처해야 하는지에 대한 내용은 이 글에서 찾을 수 없다.

(2) 지구의 핵에서 나오는 열은 지구를 따뜻하게 유지하고 외부의 영향으로부터 지구를 지키는 데 도움을 준다고 하였다.

(3) 불의 고리에 위치한 나라들은 지진과 화산 활동으로 큰 피해가 발생한다고 하였으나 구체적으로 어떤 피해가 있는지는 밝히지 않았다.

(4) 일본, 대만, 필리핀은 여러 지각판이 맞물리는 경계에 있는 지역, 즉 불의 고리에 속한 대표적인 나라로 지진과 화산 활동이 자주 일어난다.

글의 내용을 바탕으로 추론하여 답하기

4 지진이 드물게 발생하는 우리나라는 유라시아판에 속해 있으므로 유라시아판은 불의 고리 지역의 판들에 비해 움직임이 적을 것이라고 짐작할 수 있다.

(2) 판들이 돌아가면서 움직인다는 내용은 이 글에 나와 있지 않다.

내용 추론하기

5 지각판들이 서로 멀어질 때나 충돌할 때 지진이나 화산 활동이 발생한다.

구체적 사례에 적용하기

6 ② 지각판이 오랜 시간에 걸쳐 움직이면서 현재의 모습에 이르렀다.

⑤ C 지역과 D 지역은 서로 가까웠다가 멀어진 지역이므로, 비슷한 생물이 살았던 흔적이 나타날 수 있다.

① 지구의 지각 변화는 현재도 진행 중이다.

③ 지각판의 중간에 있는 B 지역보다 지각판끼리 만나는 A 지역에서 더 많은 지진과 화산 활동이 있었을 것이다.

④ 과거에도 지각판의 이동함에 따라 지진과 화산 활동이 있었을 것이다.

7 예시 답안

- 질문: 지구의 내부 구조는 어떻게 이루어져 있는가?
- 답: 지구는 지각, 맨틀, 핵의 세 가지 층으로 이루어져 있다.

😆	질문을 떠올리고 그 질문에 대한 답을 알맞게 썼습니다.
🙂	질문을 떠올렸으나 질문에 대한 답을 알맞게 쓰지 못했습니다.
🙁	질문을 떠올리지 못하고, 답도 쓰지 못했습니다.

09 기사문의 특징

- 최근의 상황에 ○
- 이주 배경 학생이 겪는 가장 큰 어려움에 〰
- 이주 배경 학생을 위한 지원에 [ ]

✦ 새로 알게 된 낱말이나 어려운 낱말을 써 보세요.

3회독 ✦ 내가 표시한 내용과 예시 답을 비교하며 읽어 보세요.

이주 배경 학생을 위한 지원 강화해야

(우리나라 학교 현장에 이주 배경 학생이 계속 늘어나고 있습니다.) (최근의 상황) 2023년 교육부 통계에 따르면, 국내 이주 배경 학생은 18만 1,178명으로 전년 대비 7.4% 증가한 것으로 조사되었습니다. 이는 국내 초·중·고등학교 전체 학생의 3.5%에 해당하는 숫자입니다. 국적은 베트남(32.1%)이 가장 많으며, 중국(24.6%)과 필리핀(9.1%), 한국계 중국(6.4%), 일본(4.2%) 순으로 나타났습니다.

▶ 우리나라 학교 현장에 이주 배경 학생이 계속 늘어나고 있습니다.

이렇게 이주 배경 학생이 늘고 있는 학교 현장에 어려움은 없을까요? 이주 배경 학생들은 한국어가 능숙하지 않은 상태로 학교생활에 적응하는 일이 가장 힘들다고 말합니다. (이주 배경 학생이 겪는 가장 큰 어려움) ○○ 초등학교에서는 수업 시간에 선생님이 한국어로 설명하면, 한국어를 할 줄 아는 이주 배경 학생이 한국어가 서툰 학생에게 내용을 전달해 줍니다. 선생님과의 소통이 원활하지 않은 이주 배경 학생은 다른 학생들보다 학습이 힘겨울 수밖에 없습니다. 한 이주 배경 학생은 "수학 문제를 푸는 것보다 한국말로 공부하는 일이 더 힘들어요."라고 어려움을 표현하였습니다.

▶ 한국어가 서툰 이주 배경 학생은 공부하기가 쉽지 않습니다.

언어 문제는 문화적 차이를 이해하고 소통하는 데도 걸림돌이 됩니다. 한 초등학교 교사는 이슬람 문화권 학생이 어른에게 고개를 숙이면서 인사하지 않아서 친구들에게 오해를 받았던 일이 있었다며, 한국말이 서툰 학생이 그 까닭을 밝히지 못한 것을 안타까워했습니다. 또한 "급식 시간에 못 먹는 음식이 나오니 곤란해하면서도 그 까닭을 말하지 못하고 친구들의 눈치를 보는 일이 있었다."라며 언어 때문에 친구들 사이에 오해가 생길 수 있음을 지적했습니다.

▶ 언어 문제는 문화적 차이를 이해하고 소통하는 일을 어렵게 만듭니다.

이주 배경 학생의 학부모도 자녀를 지원하기가 쉽지 않습니다. 한 학부모는 "가정 통신문의 내용을 이해하기 어려워 학교에서 어떤 행사를 하는지 잘 모른다."라며, 자녀에게 도움을 주지 못해서 미안하고 답답한 마음을 표현하였습니다. 학생의 학교생활을 지원해야 하는 학부모들도 어려움을 겪고 있는 것입니다.

▶ 이주 배경 학생의 학부모들도 자녀를 지원하기가 쉽지 않습니다.

이러한 상황을 인식한 시도 교육청에서는 [다문화 연구 학교를 운영하여 이주 배경 학생이 한국 학생과 함께 생활할 수 있도록 돕는 제도를 시행]하고 있습니다. (이주 배경 학생을 위한 지원) [학교에 통역 협력 교사를 두고,] [학생과 학부모를 위한 한국어 교실을 운영]하여 소통의 어려움을 줄이고 있습니다. 또한 [한국 이해 교육, 다문화 축제, 다문화 상담 교사 파견 등 서로의 문화를 이해하는 프로그램도 운영]하고 있습니다. 앞으로 이주 배경 학생을 위한 지원이 더욱 많아져 이주 배경 학생이 학교생활에 어려움을 겪지 않고 즐겁게 지낼 수 있기를 기대해 봅니다.

▶ 시도 교육청에서는 이주 배경 학생과 한국 학생이 함께 생활할 수 있도록 돕는 제도를 시행하고 있습니다.

구조 읽기

① 이주 배경 ② 언어 ③ 차이 ④ 학부모

64~65쪽

1 (3) × **2** (1) ① (2) ③ (3) ② **3** 연호 **4** (1) ① (2) ③ (3) ②
5 늘고 / 줄어들 **6** (3) × **7** **예시 답안** 참고

세부 내용 파악하기

1 국내 이주 배경 학생이 학교생활에 적응할 때 겪는 가장 큰 어려움은 언어 문제이다.

사례 이해하기

2 ㉠은 수학 문제를 푸는 것이 더 쉽게 느껴질 만큼 한국어를 사용하는 학업에 어려움을 겪고 있다. ㉡은 못 먹는 음식이 있는 학생이 한국어로 자신의 상황을 설명하기 힘들어하고 있다. ㉢은 이주 배경 학생의 학부모도 한국어가 능숙하지 않아 자녀의 학교생활을 지원하는 데 어려움을 겪고 있다.

서술 방식 파악하기

3 시도 교육청에서 다문화 연구 학교를 운영하고 있다고 하였으나, 그곳을 운영하는 선생님들의 입장은 이 기사문에 드러나 있지 않다.

육하원칙 이해하기

4 이 글은 이주 배경 학생의 학업 및 학교생활 적응에 관한 문제를 다루고 있다. 이주 배경 학생은 한국말이 능숙하지 않은 언어 문제 때문에 어려움을 겪고 있다.

자료 해석하기

5 ㉮에서 우리나라의 이주 배경 학생 수는 늘어나고 있는데, ㉯에서 우리나라 학생 수는 줄어들고 있다. 따라서 학교 현장에서는 이주 배경 학생 수가 훨씬 많이 늘어난다고 느낄 수 있다.

적절하게 반응하기

6 '이주 배경 학생'이라는 말을 사용하지 못하게 한다고 해서 모든 문제가 저절로 해결되는 것은 아니다. 이주 배경 학생이 겪는 어려움을 이해하고 도움을 주려는 노력이 필요하다.

7 **예시 답안** 요즘 우리 교실이 지저분합니다. 친구들은 자신이 쓴 물건을 잘 정리하지 않고 쓰레기도 아무 데나 버리고 있습니다. 이에 회장과 부회장은 모범을 보이기 위해 솔선수범하여 학급 문고와 칠판, 쓰레기통 주변을 청소하였습니다. 앞으로는 우리 반 학생들도 친구들을 배려하는 마음으로 함께 청소하기를 기대합니다.

😆	친구들에게 알려 줄 만한 내용을 육하원칙에 맞게 썼습니다.
🙂	친구들에게 알려 줄 만한 내용을 선택하였으나 육하원칙에서 몇 가지를 쓰지 못했습니다.
☹️	친구들에게 알려 줄 만한 내용이 아니거나, 육하원칙에 맞지 않게 썼습니다.

주장하는 글의 짜임

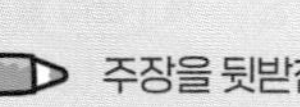

- 글쓴이의 주장에 ○
- 주장을 뒷받침하는 근거에 〰
- 세 가지 근거를 요약한 부분에 [ ]

✦ 새로 알게 된 낱말이나 어려운 낱말을 써 보세요.

✦ 내가 표시한 내용과 예시 답을 비교하며 읽어 보세요.

반려견 기르기, 다시 한번 생각을!

1 최근 반려견을 기르는 가정을 쉽게 찾아볼 수 있습니다. 현재 반려견을 기르지 않더라도 언젠가 기르기를 희망하는 사람들도 많습니다. 그런데 어떤 사람들은 반려견을 어떻게 기를지 진지하게 고민하지 않고, 그저 반려견을 집에 들이면 된다고 생각합니다. (반려견 기르기는 신중하게 결정해야 합니다.)(글쓴이의 주장) 귀엽다는 이유로 무턱대고 기르다가는 예상하지 못했던 상황을 겪게 될 수 있기 때문입니다.

▶ 반려견 기르기는 신중하게 결정해야 합니다.

2 첫째, 반려견을 기르는 데는 많은 비용과 노력이 듭니다.(주장을 뒷받침하는 근거) 반려견이 먹는 사료와 간식뿐만 아니라, 가슴 줄, 그릇, 물통 등 반려견 용품을 구입할 때 돈이 듭니다. 예방 접종비와 진료비, 미용비도 주기적으로 드는 비용이지요. 또한 반려견은 매일 한두 시간씩 산책시켜야 하고, 함께 놀아 주어야 합니다. 반려견을 혼자 두고 멀리 여행을 갈 수도 없습니다. 먹이고, 목욕시키고 산책시키고 함께 놀아 주는 등 반려견을 키우는 보호자는 아이를 키우듯 많은 시간을 반려견에게 들여야 합니다.

▶ 반려견을 기르는 데는 많은 비용과 노력이 듭니다.

3 둘째, 반려견과 헤어짐의 슬픔을 겪어야 합니다. 사람의 수명은 80년에서 100년 정도지만 반려견의 수명은 그보다 훨씬 짧은 15년 내외입니다. 그러다 보니 반려견과의 이별을 피하기가 힘듭니다. 사람이 늙고 병들어 죽음을 맞이하는 것처럼 반려견도 노견이 되면 아픈 곳이 많아지고 병들기도 합니다. 사랑하는 반려견을 떠나보낸 후 슬픔이 깊어져 자책하거나 우울증을 겪는 사람들도 있습니다. 반려견을 처음 기를 때는 이를 생각하지 않았다가 큰 슬픔을 겪고 난 후 다시는 반려견을 기르지 않겠다고 결심하는 사람들도 많습니다.

▶ 반려견과 헤어짐의 슬픔을 겪어야 합니다.

4 셋째, 반려견을 기르기에 부적절한 환경은 반려견에게 고통을 줍니다. 아파트에 사는 반려견들은 실컷 짖거나 뛰지 못합니다. 큰 소리로 짖지 못하도록 성대 수술을 받아 고통받는 반려견도 있고, 좁고 미끄러운 실내에서 자주 넘어져서 무릎뼈를 다치는 반려견도 있습니다. 가족이 모두 외출하고 혼자 있는 시간이 많은 반려견은 외로움을 심하게 느끼고 분리 불안까지 생길 수 있습니다.

▶ 반려견을 키우기에 부적절한 환경은 반려견에게도 고통을 줍니다.

5 이처럼 [반려견을 기르려면 많은 비용과 노력을 들여야 하며, 언젠가 찾아올 이별의 슬픔도 감수해야 합니다. 또, 반려견을 기르기에 부적절한 환경은 반려견에게도 큰 고통을 줍니다.](세 가지 근거를 요약한 부분) 반려견을 기르겠다고 무턱대고 결심하기 전에, 자신이 처한 상황을 고려해 반려견 기르기를 신중하게 결정해야 하겠습니다.

▶ 자신이 처한 상황을 고려하여 반려견 기르기를 신중하게 결정해야 합니다.

❶ 신중 ❷ 비용 ❸ 고통

70~71쪽

1 (2) ○ **2** ① **3** 명주 **4** (1) ② (2) ① (3) ③ **5** (1) ○ **6** ㉣
7 **예시 답안 참고**

주장 파악하기

1 글쓴이는 반려견 기르기를 신중하게 결정하자고 주장하고 있다.

세부 내용 파악하기

2 반려견을 기르는 데는 사료와 반려견 용품 구입비, 예방 접종비, 진료비, 미용비 등이 든다고 하였다. 교육비는 언급하지 않았다.

문제 상황 파악하기

3 **1** 문단에서 반려견을 어떻게 기를지 진지하게 고민하지 않고 반려견 기르기를 쉽게 결정하는 사람들이 있다는 문제 상황을 제시하였다.

현아: 혼자 있는 시간이 많은 반려견이 외로움을 심하게 느끼고 분리 불안까지 생길 수 있다는 것은 **4** 문단에서 제시한 문제 상황이다.

근거 파악하기

4 (1) 반려견의 수명은 15년 내외로 사람보다 훨씬 짧기에 사람은 반려견과 헤어지는 슬픔을 겪어야 한다.

(2) 반려견을 기르는 데는 반려견을 매일 한두 시간 산책시키는 노력이 필요하다.

(3) 아파트처럼 반려견이 실컷 짖거나 뛰지 못하는 환경은 반려견에게 고통을 준다.

구체적 사례에 적용하기

5 서현이의 반려견은 새벽에 시끄럽게 짖고, 방석을 물어뜯고 솜을 먹는 등 이상 행동을 보이고 있다. 부적절한 환경 때문에 반려견이 스트레스를 받고 있는 것은 아닌지 생각해 볼 수 있다.

근거의 적절성 판단하기

6 반려견을 기르는 사람 중 일부는 천식, 비염 등 알레르기 증상을 겪고 있으므로, 반려견 기르기를 신중하게 결정해야 한다고 주장할 수 있다.

㉠~㉢은 반려견을 키울 때의 장점에 해당하여, 반려견 기르기를 신중하게 결정하자는 글쓴이의 주장을 뒷받침하는 근거로 적절하지 않다.

7 **예시 답안** 나는 반려견 기르기에 찬성한다. 반려견을 돌보며 책임감을 기를 수 있고, 생명의 소중함을 깨달을 수 있기 때문이다.

	자신의 생각과 그 이유를 알맞게 썼습니다.
	자신의 생각을 썼으나 이유를 알맞게 쓰지 못했습니다.
	자신의 생각과 이유를 모두 쓰지 못했습니다.

11 시적 상황

시간적 상황을 나타내는 말에 ○

공간적 상황을 나타내는 말에 ～

작품 내 특수한 상황을 나타낸 부분에 [ ]

✦ 새로 알게 된 낱말이나 어려운 낱말을 써 보세요.

3회독 ✦ 내가 표시한 내용과 예시 답을 비교하며 읽어 보세요.

가 엄마 없는 밤

1연 — 금방 올게.

다른 날보다 더 어둡고 깜깜한 (밤) 시간적 상황

▶ 엄마 없는 밤은 다른 날보다 더 어둡고 깜깜하게 느껴졌어.

2연 — 조금 있으면 갈 거야.

집이 점점 커져서

공간적 상황
내 방에서 화장실이 아주 멀어졌어

▶ 시간이 지날수록 집이 커져서 화장실이 아주 멀게 느껴졌어.

3연 — 먼저 자.

분침처럼 느리게 걷는 우렁찬 초침 소리에 잠이 오지 않아

밤은 아주 길어졌어

▶ 시계 초침 소리에 잠이 오지 않고 밤이 아주 길게 느껴졌어.

4연 어느새(해가 떴지만) 밤에서 아침으로 시간적 상황이 바뀜.

아직 밤이야

내 밤은 아주아주 길어졌거든

지금 나를 깨우는 엄마 목소리도 꿈처럼 들려

▶ 돌아온 엄마가 아침이 되어 '나'를 깨우지만 '나'는 아직도 긴 밤에서 깨지 못하고 있어.

구조 읽기

① 엄마 ② 밤 ③ 아침

나 쥐구멍

1연 [다른 학교 다니는 학원 친구가
학원 친구가 '내'게 김민호에 대해 물어본 상황
김민호 아느냐고 물어보기에]

우리 반 애라고 말했다

공부도 못하고,

행동도 느리고,

존재감 없는 애라고,

그런데 학원 친구가 말했다

걔가 너 진짜 좋은 친구라고 하더라!

▶ 학원 친구에게 민호의 흉을 보았는데, 민호는 '나'를 좋은 친구라고 했다는 말을 듣고 쥐구멍에 숨고 싶었다.

구조 읽기

④ 학원 ⑤ 친구

78~79쪽

1 ① **2** ⑤ **3** (2) ○ **4** ⑤ **5** (2) ○ **6** 지원
7 예시 답안 참고

시구의 의미 이해하기

1 ㉠은 엄마가 외출하기 전에 하신 말씀이다. ㉡과 ㉢은 외출하신 후 전화로 하신 말씀이다.

시의 내용 파악하기

2 ⑤는 김민호가 '나'에 대해 한 말이다. 나머지는 '내'가 학원 친구에게 김민호에 대해 한 말이다.

시적 상황 파악하기

3 시 가에서 엄마가 '나'에게 '조금 있으면 갈 거야.', '먼저 자.'라고 말하는 것으로 보아, '나'는 엄마를 애타게 기다리는 상황임을 알 수 있다. (2)도 '너를 기다리는 오후', '지루한 기다림'이라는 표현을 통해 말하는 이가 '너'를 기다리는 상황임을 알 수 있다.

시의 내용 파악하기

4 시 나에서 학원 친구가 '나'에게 김민호를 아느냐고 묻자 '우리 반 애'라고 한 것으로 보아, '나'와 학원 친구는 같은 반 친구가 아님을 알 수 있다.

시의 흐름 이해하기

5 '나'는 1~3연에서 엄마 없는 밤 잠을 이루지 못하다 4연에서 자신을 깨우는 엄마 목소리를 꿈처럼 듣고 있다. 시 가에서 시간은 1~3연에서 밤이었다가 4연에서 아침으로 바뀌었음을 알 수 있는데 이는 '어느새 해가 떴지만'이라는 시구에서 잘 나타난다.

제목의 의미 짐작하기

6 '나'는 민호에 대해 '공부도 못하고', '행동도 느리고', '존재감 없는 애라고' 흉을 보았는데, 민호는 '나'에 대해 '진짜 좋은 친구'라고 말했으므로 '나'는 민호에게 부끄럽고 미안했을 것이다. 그래서 쥐구멍에라도 숨고 싶다는 뜻으로 시의 제목을 '쥐구멍'으로 했을 것이다.

7 예시 답안

굳게 다짐했던 약속,
내 입을 믿고 털어놓은 친구의 비밀
가벼운 깃털처럼 날아가 버린 말들,
친구의 원망 어린 눈초리에 숨어 버리고 싶다.

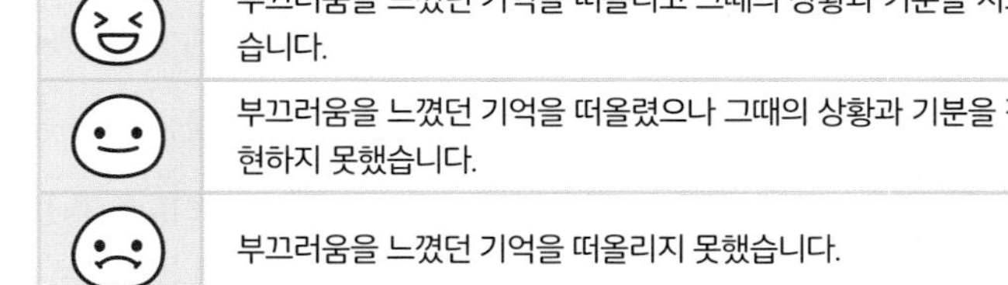

😆	부끄러움을 느꼈던 기억을 떠올리고 그때의 상황과 기분을 시로 알맞게 표현했습니다.
🙂	부끄러움을 느꼈던 기억을 떠올렸으나 그때의 상황과 기분을 적절하게 시로 표현하지 못했습니다.
🙁	부끄러움을 느꼈던 기억을 떠올리지 못했습니다.

12 낱말들의 관계 – 상위어와 하위어

- '노랑어리연꽃'의 상위어에 ○
- '곤충'의 하위어에 〰
- '연물명나방 애벌레'의 집을 나타내는 표현에 [ ]

✦ 새로 알게 된 낱말이나 어려운 낱말을 써 보세요.

3회독 ✦ 내가 표시한 내용과 예시 답을 비교하며 읽어 보세요.

연물명나방 애벌레의 집

6월 말이 되니 시원한 초여름 바람이 뺨을 살랑살랑 스치고 지나가요. 기분 좋게 곤충들을 만나러 연못으로 갔습니다. 연못에 고인 물은 아침 햇살을 받아 반짝반짝 어여쁘게 빛이 나네요. 해맑은 연못에는 샛노란 노랑어리연꽃이 곱게 피어났어요.

연못가에 앉으니 물속 세상이 훤히 들여다보입니다. 그런데 어찌 된 일인지 노랑어리연꽃 잎 한 귀퉁이가 가위로 오린 듯이 잘려 나갔네요. 동그랗게 오려 낸 솜씨가 예사롭지 않아요. 옆에 있는 잎사귀도 어른 손톱만 하게 오려져 나갔어요.

도대체 누가 오렸을까요? 주인공은 물 위에 사는 아기 벌레, 연물명나방 애벌레예요. ('곤충'의 하위어) 이제부터 연물명나방 애벌레를 만나 볼까요?

▶ 연못에서 잎 한 귀퉁이가 잘려 나간 노랑어리연꽃을 보았어요.

연못 물 위에 떠 있는 노랑어리연꽃

샛노란 꽃을 피우는 노랑어리연꽃은 물에서만 사는 (물풀)이에요. ('노랑어리연꽃'의 상위어) (식물)이나 곤충 이름에 '어리'라는 말이 들어갈 때가 가끔 있습니다. '어리'라는 말은 '닮았다'라는 뜻이에요. 노랑어리연꽃은 연꽃의 모습과 닮았다고 해서 붙은 이름이에요. 하지만 실제로는 연꽃과 노랑어리연꽃은 가까운 친척이 아니에요. 연꽃은 수련과에 속하는 풀이지만, 노랑어리연꽃은 (조름나물과)에 속하는 (풀)이거든요. 연꽃은 잎이 물낯 위로 높이 올라오지만, 노랑어리연꽃 잎은 늘 물 위에 둥둥 떠 있습니다. 뿌리는 물 밑바닥 진흙 속에 박혀 있지요. 얕은 물속에서 얼마나 잘 자라는지 여름 들머리가 되면 연못 물낯을 온통 뒤덮어요. 잎사귀는 달걀처럼 갸름한데 기름기가 자르르 흐르죠.

노랑어리연꽃 잎이 연못 물낯에 쫙 깔리면 가장 신나는 곤충은 아기 연물명나방 애벌레예요. 노랑어리연꽃 잎은 아기 연물명나방 애벌레에게는 가장 좋은 집이거든요.

▶ 물풀인 노랑어리연꽃은 아기 연물명나방 애벌레에게 가장 좋은 집이에요.

잎을 접어 만든 집

연못가에 앉아 노랑어리연꽃 잎을 꼼꼼히 들여다보세요. 혹시 [잎 위에 손톱만 한 잎사귀 조각을 붙여 놓은 것](연물명나방 애벌레의 집)이 보이나요? 그래요. 그게 바로 아기 연물명나방 애벌레가 사는 집이에요. 연물명나방 애벌레는 좀처럼 집 밖으로 나오지 않습니다. 괜히 밖으로 나왔다가 하늘을 날아다니는 잠자리나 잎사귀 위를 돌아다니는 거미에게 잡아먹힐 수 있기 때문이지요.

연약한 아기 연물명나방 애벌레는 어른이 될 때까지 애벌레 시절 내내 노랑어리연꽃 잎 위에서 물 위를 떠다니며 살아야 해요. 집 속에 있으면 비가 내려도, 햇볕이 뜨겁게 내리쬐어도, 잠자리와 거미가 호시탐탐 노려도 안전하게 피할 수 있어서 참 좋습니다.

▶ 연물명나방 애벌레는 노랑어리연꽃의 잎 위에 손톱만 한 잎사귀 조각을 붙여 집을 지어요.

① 연물명나방 ② 연꽃 ③ 잎

84~85쪽

1 ④ **2** (3) ○ **3** (1) 식물 (2) 노랑어리연꽃 **4** (1) 연물명나방 애벌레 (2) 잠자리 (3) 거미 **5** ③ **6** (1) ○ **7** **예시 답안 참고**

글의 내용 파악하기

1 잎이 물낯 위로 높이 올라오는 꽃은 노랑어리연꽃이 아니라 연꽃이다. 노랑어리연꽃의 잎은 물 위에 떠 있다.

글의 내용 파악하기

2 노랑어리연꽃의 잎 위에 붙어 있는 손톱만 한 잎사귀 조각이 아기 연물명나방 애벌레가 사는 집이라고 하였다. 따라서 연물명나방 애벌레는 물 위에 떠 있는 식물의 잎에 집을 짓는다는 사실을 알 수 있다.

상위어와 하위어 구분하기

3 '노랑어리연꽃'은 물풀에 속하고, 물풀은 '식물'에 속한다. 따라서 물풀의 하위어로는 '노랑어리연꽃'이 알맞고, 물풀의 상위어로는 '식물'이 알맞다.

하위어 알기

4 '연물명나방 애벌레', '잠자리', '거미'는 모두 곤충에 속하므로 곤충의 하위어이다.

빈칸에 들어갈 내용 추론하기

5 ㉠의 앞부분에서는 '어리'라는 말이 '닮았다'라는 뜻이라는 것을 설명하고 있고, 뒷부분에서는 실제로는 노랑어리연꽃과 연꽃이 가까운 친척이 아니라는 것을 설명하고 있다. 따라서 ㉠에는 노랑어리연꽃의 이름이 연꽃을 닮아 붙은 이름이라는 내용이 들어가는 것이 알맞다.

구체적 사례에 적용하기

6 물 위의 잎에 오려 낸 잎을 덮어 집을 만든 것은 (1)이다.

(2) 유리산누에나방 번데기의 집이다. 유리산누에나방 애벌레는 입에서 명주실을 뽑은 후 나뭇가지에 칭칭 동여매어 집을 짓는다.

(3) 왕거위벌레의 집이다. 왕거위벌레는 잎을 김밥 말 듯 돌돌 말아 집을 짓는다.

7 **예시 답안**

• 상위어: 과일 / • 하위어: 딸기, 수박, 사과

계절에 따라 주로 나는 과일이 있다. 봄에는 달콤한 딸기, 여름에는 시원한 수박, 가을에는 새콤한 사과가 제철 과일이다.

(웃는 얼굴)	상위어 1개와 하위어 3개를 넣어 짧은 글을 썼습니다.
(보통 얼굴)	상위어 1개와 하위어 1~2개를 넣어 짧은 글을 썼습니다.
(찡그린 얼굴)	상위어와 하위어를 넣어서 짧은 글을 쓰지 못했습니다.

13 글을 읽은 후에 질문하기

중심 글감에 ○
중심 글감의 특징에 〰
특징을 설명하는 사례에 [ ]

✦ 새로 알게 된 낱말이나 어려운 낱말을 써 보세요.

3 회독 ✦ 내가 표시한 내용과 예시 답을 비교하며 읽어 보세요.

친환경 스마트 도시

현대 사회는 기후 변화와 자원 고갈과 같은 문제뿐 아니라 교통 혼잡, 주차 공간 부족 등 여러 가지 도시 문제를 겪고 있다. 이러한 문제를 해결할 수 있는 방법 중 하나로 주목받고 있는 것이 ('친환경 스마트 도시')이다. 친환경 스마트 도시란 최신 기술을 활용하여 우리 삶을 안전하고 편리하게 만드는 동시에 환경을 보호하며 지속 가능한 발전을 추구하는 도시를 말한다.

중심 글감

▶ 친환경 스마트 도시는 환경 문제와 도시 문제를 해결할 수 있는 방법으로 주목받고 있다.

친환경 스마트 도시의 특징은 다음과 같다. 첫째, 이 도시는 실시간으로 수집한 데이터를 바탕으로 도시를 효율적으로 쾌적하게 관리한다. 한 예로 스마트 쓰레기통을 들 수 있다. 동네마다 놓인 쓰레기 수거함에 쓰레기가 가득 차면 자동으로 수거를 요청한다. 그러면 인공 지능 로봇이 쓰레기를 수거한 후 쓰레기에 섞여 있는 재활용품을 분리배출하고 일반 쓰레기를 처리한다. 또 다른 예는 [스마트 교통 시스템]이다. 인공 지능이 도로 곳곳에 있는 센서와 카메라를 통해 차량 흐름을 분석하여, 교통이 원활하도록 신호등을 조절한다. 또한 운전자는 도로 상황을 실시간으로 전달받으며 최적의 경로를 추천받을 수 있다.

중심 글감의 특징 ① / 특징 ①의 사례

▶ 특징 ① 실시간으로 수집한 데이터를 바탕으로 도시를 효율적으로 쾌적하게 관리한다.

둘째, 이 도시는 에너지를 효율적으로 관리한다. 이전에는 전기 사용량을 미리 예측하기 어려워 너무 많은 양의 전기를 생산하는 경우가 있었다. 그러나 친환경 스마트 도시에서는 [사람들이 에너지를 많이 사용하는 시간대를 분석]하여 에너지 양을 적절히 공급한다. 또한 [에너지는 대부분 태양열, 지열 등의 재생 에너지원을 사용]함으로써 온실가스를 덜 내보내고 기후 위기에 대응할 수 있다.

중심 글감의 특징 ② / 특징 ②의 사례

▶ 특징 ② 에너지를 효율적으로 관리한다.

마지막으로, 이 도시는 시민들에게 다양한 맞춤형 서비스를 제공하여 시민들이 편안하게 생활할 수 있도록 돕는다. 의료 면에서, 사람들은 [전자 의료 기록]을 통해 건강과 관련된 정보를 얻을 수 있다. 또한 [원격 진료와 스마트 기기]를 통해 가정에서도 의료 서비스를 받을 수 있다. 교육 면에서, 학생들은 [인공 지능을 통해 개개인의 학습 습관을 분석한 학습법을 제공]받을 수 있다. 문화 면에서는 [디지털 콘텐츠를 활용하여 역사 자료나 예술 작품에 쉽게 접근]할 수 있다. 이처럼 다양한 분야에서 시민들은 필요한 서비스를 제공받아 편리한 삶을 누릴 수 있다.

중심 글감의 특징 ③ / 특징 ③의 사례

▶ 특징 ③ 다양한 맞춤형 서비스를 제공하여 시민들이 편안하게 생활할 수 있도록 돕는다.

친환경 스마트 도시는 최신의 기술로 도시를 쾌적하고 안전하게 관리하며, 에너지 소비와 탄소 배출을 최소화하여 환경 문제에 대응하는 것을 목표로 한다. 또한 개개인에게 맞춤형 서비스를 제공함으로써 삶의 만족도를 높인다. 편리하고 안전하며 친환경적인 이 최신의 도시는 지구와 인간을 함께 만족시킬 수 있는 미래 도시의 청사진이 되고 있다.

▶ 친환경 스마트 도시는 지구와 인간을 함께 만족시킬 수 있는 미래 도시의 청사진이다.

① 스마트 ② 미래

90~91쪽

1 ① **2** (1) × **3** (2) ○ **4** (1) ○ **5** ⑤ **6** ③
7 **예시 답안** 참고

세부 내용 파악하기

1 친환경 스마트 도시에서는 원격 진료와 스마트 기기를 통해 가정에서도 의료 서비스를 받을 수 있다.

낱말의 쓰임 알기

2 '실시간'은 실제 흐르는 시간과 같은 시간을 뜻한다. 오랜 시간 동안 모은 데이터를 분석하는 것이 아니라, 즉시와 같은 정도로 아주 빠른 시간에 모은 데이터로 도시를 관리한다는 것을 나타내기 위해 쓴 말이다.

적절한 질문 떠올리기

3 우리 동네의 주차 문제는 내가 속한 사회에서 벌어지는 일이라고 할 수 있다. 스마트 교통 시스템으로 교통 상황을 관리하고 운전자에게 최적의 경로를 추천한다고 하였으므로, 주차 공간 부족 같은 우리 동네의 문제를 해결해 줄 수 있을지와 같은 질문을 떠올리는 것은 적절하다.

(1) 이 글에서 친환경 스마트 도시의 특징으로 에너지는 대부분 태양열, 지열 등의 재생 에너지를 사용한다고 설명하고 있으므로 이 글을 읽고 떠올린 질문으로는 적절하지 않다.

(3) 친환경 스마트 도시에서 제공하는 맞춤형 서비스로 전자 의료 기록과 원격 진료, 스마트 기기를 통한 가정에서의 의료 서비스, 디지털 콘텐츠의 활용 등을 사례로 들어 설명하고 있으므로 이 글을 읽고 알 수 있는 내용이다. 따라서 적절한 질문으로 보기 어렵다.

적절한 질문 떠올리기

4 친환경 스마트 도시에서는 에너지를 효율적으로 관리한다. 그러나 어떻게 전기 사용량을 예측할 수 있는지 구체적인 방법은 말하지 않았으므로 이에 대해 질문하는 것은 알맞다.

구체적 사례에 적용하기

5 노인 인구가 증가하면 노인들을 돌보는 인력이 많이 필요해질 수 있다. 그러나 이는 과학 기술이 발전하면서 나타날 수 있는 문제와는 관련이 없다.

구절의 의미 이해하기

6 지속 가능한 발전은 인간의 삶을 편리하게 만들면서 동시에 자연환경을 보호하는 발전을 뜻한다. 농약을 사용해 대규모로 농사를 짓는다면 환경이 오염될 것이므로 지속 가능한 발전이라고 할 수 없다.

7 **예시 답안** (2) 친환경 스마트 도시에서 우리 집에 있는 가전제품에는 센서와 통신 장치가 달려 있을 것이다. 침대는 내가 푹 잘 수 있도록 침구를 정리해 주고, 냉장고는 유통 기한이 임박한 식재료를 알려 주며, 온도 조절 장치는 내가 좋아하는 실내 온도를 늘 유지해 줄 것이다.

😆	친환경 스마트 도시의 모습을 구체적으로 상상하여 잘 썼습니다.
🙂	친환경 스마트 도시의 모습을 상상하여 썼으나 글의 내용이 자연스럽지 못합니다.
🙁	친환경 스마트 도시의 모습을 구체적으로 상상하지 못했습니다.

14 회의의 특징

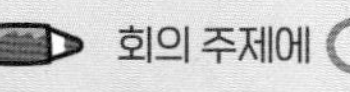
회의 주제에 ○
회의 참여자가 낸 의견에 〰
찬성하는 의견에 대한 추가 의견에 [ ]

✦ 새로 알게 된 낱말이나 어려운 낱말을 써 보세요.

3 회독 ✦ 내가 표시한 내용과 예시 답을 비교하며 읽어 보세요.

'친구 사랑 주간'에 어떤 행사를 할까

사회자: 오늘 회의에서는 다음 주에 있을 ('친구 사랑 주간'에 우리 반에서 진행할 행사)(회의 주제)를 결정하겠습니다. 의견이 있으신 분은 발표해 주십시오.

▶ 사회자가 회의 주제를 안내함.

정성운: 저는 친구 사랑 동아리 행사를 하면 좋겠습니다.(의견 ①) 우리 반 친구들은 각자 동아리 활동을 하고 있으므로 동아리 특성에 맞는 친구 사랑 행사를 하면 재미있을 것 같습니다. 예를 들어 그림 그리기 동아리에서는 친구 얼굴을 그리고, 피구 동아리에서는 친한 친구와 짝 피구를 하는 것이지요.

김은지: 좋은 의견이지만, 동아리 활동은 다른 반 학생들과 함께하는 것이므로 우리 반 행사로는 적절하지 않습니다. 저는 친구 사랑 캠페인을 하면 좋겠습니다.(의견 ②) 학생들에게 친구 사랑의 중요성을 알리고, 친구 사랑 포스터를 직접 제작하여…….

정성운: 그건 작년에 3학년 전체가 했던 행사잖아. 또 하면 재미없을 거야.

사회자: 정성운 학생은 다른 사람의 의견을 존중하며 끝까지 들어 주십시오. 김은지 학생은 계속 말씀해 주세요.

김은지: 네, 작년 친구 사랑 캠페인에서 포스터를 제작하여 전시했을 때 반응이 좋았던 것으로 기억합니다. 올해는 전시된 포스터 밑에 관람한 친구들이 지지나 응원의 댓글을 달아 주는 방식을 추가해서 진행하면 좋겠습니다.

사회자: 네, 잘 들었습니다. 또 다른 의견이 있으신가요?

강소라: 저는 친구 사랑 사진전을 열면 좋겠습니다.(의견 ③) 친한 친구와 재미있는 사진을 찍는 것이 요즘 친구들 사이에서 유행하는 활동입니다. 스마트폰으로 사진을 찍은 후 인화하는 것도 어렵지 않습니다. 함께 사진을 찍으며 우정을 돈독히 하고, 마음에 드는 사진을 골라 전시하며 좋은 추억을 만들 수 있을 것입니다.

이현우: 저도 강소라 학생의 의견에 찬성합니다. 포스터를 그리는 활동은 아무래도 그림을 잘 그리는 학생들이 주도적으로 참여하게 됩니다. 그림에 자신이 없는 학생은 참여하고도 괜히 마음이 불편할 수 있어요. 그에 비해 친구 사랑 사진전은 부담 없이 친구와 사진을 찍으면서 친해질 수 있는 활동입니다. [전시한 사진 중에 가장 멋진 사진을 골라 선물을 나눠 주면 더 흥미로울 것 같습니다.](의견 ③에 대한 추가 의견)

최태윤: 저도 친구 사랑 사진전이 좋다고 생각합니다. 그런데 사진을 찍기 싫어하거나 함께 찍을 사람이 없어서 소외되는 친구가 있을 것 같습니다. [사진 찍기 싫어하는 친구를 위해 소품을 활용할 수 있게 하면 좋겠습니다. 또한 소외되는 친구가 없도록 모둠을 잘 구성해야 할 것입니다.](의견 ③에 대한 추가 의견)

▶ 회의 주제에 대한 다양한 의견을 교환함.

사회자: 네, 의견 감사합니다. 또 다른 의견이 있습니까? 다른 의견이 없으면 지금까지 나온 의견 중에서 우리 반이 진행할 행사를 결정하겠습니다.

▶ 사회자가 회의 절차를 안내함.

❶ 행사 ❷ 동아리 ❸ 캠페인 ❹ 사진전

96~97쪽

1 우리 반, 행사 **2** ③ **3** ⑤ **4** ④ **5** (2) ○ **6** ①, ③, ⑥
7 예시 답안 참고

주제 파악하기

1 이 회의에서 학생들은 친구 사랑 주간에 어떤 행사를 진행할지에 관해 이야기하고 있다.

세부 내용 파악하기

2 강소라 학생은 친한 친구와 재미있는 사진을 찍는 것이 요즘 친구들 사이에서 유행하는 활동이라고 하였다. 친구들이 누구나 사진 찍는 것을 좋아한다고 말하지는 않았다.

회의 상황 이해하기

3 최태윤 학생은 친구 사랑 사진전이 좋다는 의견을 밝힌 후, 소품을 활용할 수 있게 하는 것과 모둠을 잘 구성하자는 추가 의견을 냈다. 다른 참여자가 말한 의견에 반대한 내용은 드러나지 않는다.

회의 절차 이해하기

4 제시된 글은 회의 참여자들이 회의 주제에 대해 각자 의견을 밝히고 있으므로 '주제 토의'에 해당한다. ㉠의 뒤에는 회의에서 나온 의견 가운데 많은 사람이 선택한 의견으로 실천 내용을 결정하는 '표결'이 이어질 것이다.

빈칸에 들어갈 문장 추론하기

5 정성운 학생은 김은지 학생이 의견을 말하는 중간에 끼어들어 자신의 의견을 말했다. 회의에서는 다른 사람의 의견을 주의 깊게 들어야 하므로, 다른 사람의 의견을 존중하며 끝까지 들으라는 내용이 빈칸에 들어가야 알맞다.

구체적 사례에 적용하기

6 친구 사랑 사진전은 친구 사랑 주간에 진행되며, 친구들과 재미있게 사진을 찍고 마음에 드는 사진을 전시하면, 가장 멋진 사진을 골라 선물을 주는 행사이다.

② 우리 반 학급 친구들이 진행하는 행사이다.
④ 사진 찍기 싫어하는 친구들을 위해 소품을 활용할 수 있게 한다.
⑤ 함께 사진을 찍을 사람이 없어서 소외되는 친구가 없도록 모둠을 잘 구성한다.

7 **예시 답안** 친구에게 마음 편지 보내기를 하면 좋겠다. 평소 고마움이나 미안함을 느꼈던 친구에게 편지를 써서 마음을 전하고, 편지를 받은 친구가 답장을 하면 서로 마음을 주고받을 수 있다.

(웃는 얼굴)	친구 사랑 주간에 하고 싶은 행사를 떠올리고, 그 내용을 알맞은 문장으로 썼습니다.
(보통 얼굴)	친구 사랑 주간에 하고 싶은 행사를 떠올렸으나, 그 내용을 알맞은 문장으로 쓰지 못했습니다.
(찡그린 얼굴)	친구 사랑 주간에 하고 싶은 행사를 떠올리지 못하여 그 내용을 쓰지 못했습니다.

15 이야기의 배경

- 등장인물에 ○
- 이야기의 배경이 드러난 부분에 ~~
- 이야기의 배경을 짐작할 수 있도록 하는 부분에 [ ]

✦ 새로 알게 된 낱말이나 어려운 낱말을 써 보세요.

3회독 ✦ 내가 표시한 내용과 예시 답을 비교하며 읽어 보세요.

경성 기억 극장

1945년 1월 / "이봐, 여기 신문!"
이야기의 시간적 배경

그럼 그렇지. 오늘도 기어이 만나는구나. (난) 그저 배달부일 뿐인데 왜 만날 신문 팔라는 사람을 만나는지. 어제는 아주머니, 그제는 양복쟁이, 엊그제는 [모던걸], 오늘은? 길바닥에 주저앉은 (할아버지)가 지팡이를 탁탁 내리친다. 저 할아버지다!
등장인물
'나'와 할아버지가 만난 장소

"할아버지, 파는 거 아니에요."

그러지 말고 팔라는 둥 안 팔면 가만두지 않겠다는 둥 별별 억지를 부리기 전에 얼른 피해야 했다. 나는 서둘러 발을 뗐다. 한 서너 걸음 걸었을까? 눈앞에 종이쪽지들이 하늘하늘 떨어졌다. 자세히 보니 종이가 아니었다. 돈이었다. 돈이 눈처럼 나풀나풀 바닥에 내려앉았다.

"팔라는 게 아닐세. 읽어 달라는 걸세. 바닥에 떨어진 돈은 다 가져도 되네."

▶ 신문을 배달하는 '나'에게 할아버지가 신문을 읽어 달라고 부탁하였다.

<중략> / "이제 읽을게요. 두 번 읽어 달라고 하면 안 돼요."

"알았네. 그런데 광고도 읽어 주게나."

광고까지 읽을 건 뭐람. 못마땅했지만 묵묵히 신문 뭉치에서 한 장을 뽑아 들었다. 석 장이나 되어서 다 읽는 데 시간이 꽤 걸릴 듯했다.

"[일본 제국 특공대의 맹공격에 적군이 물러나…….]"
일제 강점기의 시대적 배경을 드러냄.

"됐네. 다음."

이 할아버지 성미 한번 급하다. 우물에서 숭늉 찾고 배추밭에서 김치 찾을 양반 같으니. 나는 얼른 다음 기사를 찾아 읽었다.

"[전투 형세는 우리에게 유리], 이번이 적을 물리칠 좋은 기회……."

"그만!" <중략>

▶ 할아버지는 '나'에게 광고까지 읽어 달라고 하였다.

잠깐 쉬었다가 다음 광고를 봤다. [커다란 영사기가 그려진 광고. 보나 마나 대륙 극장 같은 영화관 광고일 게 뻔했다.] / "경성 기억……."
영사기로 영화를 보던 시대적 배경을 드러냄.

더 읽을 수가 없었다. 살다 살다 이런 황당한 광고는 처음 봤다. 돈은 많은데 심심한 어느 졸부가 장난을 친 걸까?

"뭐 하는 건가? 어서 읽게."

할아버지가 꾸짖듯이 재촉했다. 나는 다시 읽어 나갔다.

"경성 기억 극장. 기억을 지워 주는 극장입니다. 잊고 싶은 기억을 말끔히 지워 드립니다. 나쁜 기억을 잊고 행복해지십시오."

광고 문구 아래에는 약도와 전화번호가 적혀 있었다. 어느 못된 사기꾼이 순진한 사람들을 꾀어내려고 수작을 부린 거다. 마음 같아서는 욕을 퍼붓고 싶었지만 바로 옆 광고로 눈을 돌렸다.

"종로 약방 소화가 잘되는 약이 있습……."

"그만, 그만하게!"

할아버지가 버럭 소리를 질렀다. 어찌나 목소리가 큰지 귀가 얼얼할 지경이었다.

"아, 왜 소리는 지르고 그러세요?"

정말 깜짝 놀랐다. 그런데 더 놀라운 일이 벌어졌다. 멀쩡하던 할아버지가 갑자기 온몸을 떨기 시작했다.

"할아버지! 할아버지!"

어깨를 몇 번 흔들어 봤지만 할아버지는 꼼짝하지 않았다.

▶ 할아버지가 경성 기억 극장의 광고를 듣고 의식을 잃었다.

구조 읽기

① 시간적 ② 공간적 ③ 경성 기억 극장

102~103쪽

1 ① **2** (2) ○ **3** ① **4** (3) × **5** (3) × **6** (1) ○
7 예시 답안 참고

꼼꼼한 이해

이야기의 내용 파악하기

1 '나'는 신문 배달부로 신문을 파는 사람이 아니다. '나'는 할아버지가 신문을 팔라고 하는 줄 알고 서둘러 자리를 피하려 하였다.

사건의 흐름 파악하기

2 할아버지가 '내' 앞에 돈을 던지며 광고를 읽어 달라고 부탁하였다. '내'가 읽은 경성 기억 극장의 광고를 듣고, 할아버지가 의식을 잃었다.

이야기의 배경 파악하기

3 1945년 1월은 이 이야기의 시간적 배경을 드러낸다. 우리나라가 일본으로부터 독립한 1945년 8월 15일보다 앞선 시간이므로, 이야기가 펼쳐지는 상황은 일제 강점기임을 짐작할 수 있다.

배경의 역할 이해하기

4 할아버지가 의식을 잃고 쓰러지는 것과 '종로'는 관련이 없다.

(1) '길바닥'에 앉아 있던 할아버지가 '나'에게 신문을 읽어 달라고 부탁하였다. 따라서 '길바닥'은 '나'와 할아버지가 만난 장소라고 할 수 있다.

(2) '일본 제국 특공대의 맹공격'에서 시대적 배경이 일본 제국주의 시기, 즉 일제 강점기임을 알 수 있다.

생각과 판단

인물의 마음 짐작하기

5 '내'가 경성 기억 극장의 광고를 읽다가 머뭇거리자 할아버지는 어서 읽으라며 '나'를 재촉한다. 경성 기억 극장의 광고를 들은 후 할아버지가 의식을 잃는 것으로 보아, 할아버지가 듣고 싶었던 광고는 경성 기억 극장의 광고였으며, 빨리 그 내용을 듣고 싶어서 '나'를 재촉했음을 짐작할 수 있다.

적절하게 반응하기

6 '아주머니', '양복쟁이', '모던걸'처럼 다양한 사람들이 신문을 팔라고 한 것으로 보아 당시에는 신문이 사람들에게 소식을 전하는 중요한 수단이었음을 짐작할 수 있다. 이를 읽고 신문이 비쌌을 것이라고 반응하는 것은 알맞지 않다.

7 예시 답안

- 지울 것이다 / 힘든 기억이 자꾸 떠오르면 괴롭기 때문이다. 잊고 싶은 기억을 지우면 현재를 행복하게 살 수 있을 것 같다.
- 지우지 않을 것이다. / 기억을 지운다고 해서 내가 변하는 것은 아니기 때문이다. 만약 기억을 지운다면 과거와 같은 상황이 오더라도 잘못한 일을 또 반복하게 될 것이다.

😆	자신의 생각을 정리하여 그 이유를 설득력 있게 썼습니다.
🙂	자신의 생각을 정리하여 이유를 썼으나 설득력이 부족합니다.
🙁	자신의 생각과 그 이유가 서로 어울리지 않습니다.

16 설명하는 글의 짜임

설명 대상에 ◯
설명하려는 내용을 소개하는 문장에 〰
설명 내용을 간단히 요약한 문장에 [ ]

✦ 새로 알게 된 낱말이나 어려운 낱말을 써 보세요.

3 회독 ✦ 내가 표시한 내용과 예시 답을 비교하며 읽어 보세요.

바코드와 QR 코드

(바코드와 QR 코드)[설명 대상]는 우리 생활 속에서 다양하게 사용되고 있습니다. 도서관에서 책을 빌릴 때, 책 표지에 붙어 있는 바코드를 스캐너에 찍어서 대출합니다. 마트에서 물건을 살 때 현금이나 카드 대신 QR 코드를 스마트폰으로 찍어 계산합니다. 바코드와 QR 코드가 언제부터 사용되었는지, 그리고 어떤 원리로 작동되는지 알아볼까요?[설명하려는 내용 소개]

▶ 바코드와 QR 코드는 우리 생활 속에서 다양하게 사용되고 있습니다.

바코드는 1949년 미국의 한 발명가가 만들었습니다. 슈퍼마켓에서 물건의 가격과 재고를 일일이 확인하는 불편을 줄이고, 물건값을 계산하는 데 드는 시간을 절약하는 방법을 고민하다가 바코드를 발명했습니다. 바코드는 검은색 막대와 흰색의 공백으로 이루어진 직사각형 모양입니다. 바코드의 검은색 막대와 흰 공백에는 물건을 만든 회사, 물건 가격, 종류 등의 정보가 담겨 있어요. 그렇다면 바코드 안에 담긴 정보를 어떻게 확인할 수 있을까요? 바로 빛의 반사를 이용하는 것입니다. 바코드 스캐너로 바코드에 빛을 비추면, 검은색 막대는 빛을 대부분 흡수하고, 흰색 공백은 빛을 반사합니다. 바코드 스캐너는 반사되는 빛의 양을 기계가 인식할 수 있도록 이진법의 수 0과 1로 바꾸어 컴퓨터로 전송합니다. 반사되는 빛의 양이 많으면 0, 빛의 양이 적으면 1로 인식하며, 막대의 두께에 따라 각기 다른 숫자로 인식합니다.

▶ 바코드는 빛의 반사를 이용하여 정보를 인식합니다.

하지만 바코드는 담을 수 있는 정보의 양이 제한적이라는 한계가 있습니다. 이러한 단점을 보완한 것이 바로 QR 코드입니다. QR 코드는 여러 개의 크고 작은 사각형이 모여 큰 사각형을 이루는 모양입니다. 일차원적으로 선을 배치하는 바코드는 20자 정도의 정보만 저장할 수 있지만, 사각형 모양의 이차원적 무늬인 QR 코드는 4,000자 이상의 정보를 담을 수 있습니다. 글자나 숫자뿐 아니라 사진이나 영상, URL, 위치 정보 등 다양한 정보를 저장할 수 있습니다.

▶ 바코드의 단점을 보완한 것이 QR 코드입니다.

QR 코드도 바코드처럼 빛의 강약에 따라 이진법의 수로 바꿔 컴퓨터가 정보를 인식할 수 있도록 합니다. 하지만 QR 코드에는 바코드에는 없는 것들이 숨겨져 있습니다. QR 코드의 모서리에는 같은 모양의 큰 정사각형이 세 개 있습니다. 이것은 각도나 방향에 상관없이 카메라가 QR 코드를 빠르게 인식할 수 있도록 해 주는 '위치 찾기 패턴'입니다. 위치 찾기 패턴보다 조금 작은 정사각형인 '얼라인먼트 패턴'은 QR 코드가 손상되어도 인식할 수 있도록 해 줍니다. 이 밖에 나머지 작은 사각형 모양들의 점은 정보를 저장하는 공간으로 '셀'이라고 부릅니다.

▶ QR 코드에는 '위치 찾기 패턴', '얼라인먼트 패턴', '셀'이 있습니다.

[바코드와 QR 코드가 널리 쓰이며 사람들은 정보에 간편하게 접근할 수 있게 되었습니다.][설명 내용 요약] 바코드보다 더 많은 정보를 담을 수 있는 QR 코드는 기차나 비행기에 탑승할 때, 매장에서 결제할 때, 온라인에서 본인 인증할 때 등 다양한 분야에서 활용되고 있습니다. 하지만 QR 코드를 이용한 해킹 범죄도 증가하고 있으므로 안정적으로 QR 코드를 사용할 수 있도록 앞으로 보완해 나가야 할 것입니다.

▶ QR 코드를 안정적으로 사용할 수 있도록 보완이 필요합니다.

❶ 원리 ❷ 단점

110~111쪽

1 (2) ○　**2** ③　**3** 채린　**4** ②, ④, ⑤　**5** ④　**6** 소진
7 **예시 답안** 참고

꼼꼼한 이해

설명 대상 파악하기

1 이 글은 바코드와 QR 코드에 대해 설명하고 있다.

(1) 처음 부분에 바코드 스캐너에 대한 이야기가 나오지만, 이 글에서 설명하고 있는 대상이 아니다.

(3) 끝부분에 QR 코드를 이용한 해킹 범죄에 대한 이야기가 나오지만, 이 글에서 설명하고 있는 대상이 아니다.

세부 내용 파악하기

2 검은색 막대와 흰색의 공백으로 이루어져 있는 것은 바코드이다. QR 코드는 여러 개의 작은 사각형이 모여 큰 사각형을 이루는 모양이다.

글의 짜임 이해하기

3 이 글에서 처음 부분은 1문단, 가운데 부분은 2~4문단, 끝부분은 5문단에 해당한다. 글의 가운데 부분에서는 바코드와 QR 코드를 자세하고 알기 쉽게 설명하고 있다.

글의 짜임 이해하기

4 ②는 2문단에서, ④은 3문단에서, ⑤는 4문단에서 각각 확인할 수 있다.

① 글의 끝부분인 6문단에서 확인할 수 있다.
③ 글의 처음 부분인 1문단에서 확인할 수 있다.

생각과 판단

내용 추론하기

5 바코드에서 반사되는 빛의 양이 많은 부분은 흰색 공백이며, 반사되는 빛의 양이 적은 부분은 검은색 막대이다. **보기**에서 바코드의 가장 얇은 검은색 막대를 1이라고 할 때, 그보다 두께가 두 배인 검은색 막대는 11로 읽어 낸다고 하였으므로 〈그림 1〉을 이진법으로 바꾸면 101011이다.

구체적 사례에 적용하기

6 ㉮는 위치 찾기 패턴으로 각도나 방향에 상관없이 카메라가 QR 코드를 빠르게 인식할 수 있도록 해 준다.

- 은영: QR 코드의 일부가 손상되어도 내용을 올바르게 인식할 수 있게 해 주는 부분은 ㉰이다.
- 준수: QR 코드에 저장하려는 정보가 있는 공간은 ㉯이다.

7 **예시 답안**

- 설명하고 싶은 것: 한옥

처음	한옥은 우리나라의 전통 가옥이다.
가운데	대청마루는 바람이 잘 통하게 하고, 처마는 비바람을 막아 주며 집 안으로 햇볕이 잘 들어오도록 해 준다. 온돌은 겨울에 따뜻하게 지낼 수 있도록 해 준다.
끝	이처럼 한옥에는 조상들의 지혜가 담겨 있다.

😆	설명하고 싶은 내용을 처음-가운데-끝의 짜임에 맞게 썼습니다.
🙂	설명하고 싶은 내용을 처음-가운데-끝의 짜임 중 일부에 맞게 썼습니다.
🙁	설명하는 싶은 내용을 처음-가운데-끝의 짜임과 상관없이 썼습니다.

17 독서 감상문에 들어가는 내용

- 읽은 책의 제목에 ○
- 책을 읽게 된 동기에 〰
- 책을 읽고 든 생각이나 느낌에 [ ]

✦ 새로 알게 된 낱말이나 어려운 낱말을 써 보세요.

3 회독 ✦ 내가 표시한 내용과 예시 답을 비교하며 읽어 보세요.

신비한 유전의 비밀

학교 도서관에서 『유전의 비밀』(읽은 책의 제목)이라는 책을 발견했다. 책의 표지에 '엄마 아빠를 닮은 이유'라고 쓰인 글이 눈에 들어왔다. 평소 아빠랑 다니면 아빠 닮았다, 엄마랑 다니면 엄마 닮았다는 소리를 많이 듣던 나는 내가 부모님을 닮은 이유가 무엇인지 궁금해 책을 펼쳐 보았다.(책을 읽게 된 동기)

▶ 내가 부모님을 닮은 까닭이 궁금해 『유전의 비밀』을 읽게 되었다.

이 책은 부모의 특징을 아이가 물려받는 유전의 비밀을 풀기 위해 과학자들이 걸어온 길을 보여 준다. 제일 먼저 유전의 비밀을 파헤친 사람은 오스트리아의 멘델이다. 그는 완두콩을 재배해 유전이 특별한 법칙에 따라 이루어진다는 사실을 알아냈다. 멘델은 자손이 부모를 닮는 이유는 부모의 특징이 담긴 알갱이를 전달받기 때문이라고 생각했다. 하지만 그의 연구 결과는 주목받지 못했다. 그 뒤에 과학자들은 사람의 세포핵 안에는 46개의 염색체가 들어 있는데 생식 세포에는 염색체가 23개밖에 없어서, 남녀의 생식 세포가 만나 46개의 염색체를 가진 세포가 만들어진다는 사실을 알아냈다. 그래서 멘델이 생각했던 '유전을 일으키는 알갱이'가 이 염색체 안에 있을 것이라 생각하게 되었다.

▶ 과학자들은 멘델이 생각했던 유전을 일으키는 알갱이가 염색체 안에 있을 것이라 생각했다.

이후 미국의 과학자 모건이 초파리 실험을 통해 유전을 일으키는 물질이 염색체 안에 있다는 사실을 확인하고 이를 '유전자'라고 불렀다. 하지만 그 당시에는 염색체도 현미경으로 겨우 볼 수 있는 상황이었으므로, 염색체 속 유전자는 더욱 보기 어려웠다. 과학자들은 유전자에 DNA라는 이름을 붙이고 그 모양을 연구하기 시작했다. 1952년에 프랭클린이 X선을 이용해 DNA의 그림자 사진을 찍었는데, 동료인 윌킨스가 이 사진을 DNA를 연구하던 왓슨과 크릭에게 몰래 보여 주었다. 왓슨과 크릭은 그 사진으로 DNA가 꽈배기처럼 꼬인 긴 사다리 모양임을 알아냈고, DNA 구조를 밝혀낸 왓슨과 크릭, 윌킨스는 1962년에 노벨상을 받았다.

▶ 모건이 유전자가 염색체 안에 있음을 확인했고, 왓슨과 크릭, 윌킨스는 프랭클린이 찍은 DNA 그림자 사진을 이용해 DNA 구조를 밝혀냈다.

꼬인 사다리 모양으로 쌓인 DNA 한 가닥에는 놀랍게도 동화책 5만 권 분량의 정보가 담겨 있다고 한다. 가까운 가족끼리는 사다리를 쌓는 순서가 거의 똑같고 사이가 멀어질수록 조금씩 달라진다고 한다. 나는 부모님의 DNA를 물려받았기 때문에 두 분을 닮게 된 것이다. [유전 정보를 DNA 안에 보관하고 후손에게 물려주는 우리 인체가 신비롭고 놀라웠다.](책을 읽고 든 생각이나 느낌)

▶ 내가 부모님을 닮은 이유는 두 분의 DNA를 물려받았기 때문임을 알게 되었다.

[이 책을 읽은 후 여러 학자들의 연구 결과가 쌓여 과학이 발달한다는 사실을 깨달았다.] 또 [15년 동안 완두콩을 재배한 멘델이나 DNA 그림자 사진을 찍은 프랭클린처럼 중요한 발견을 하고도 조명받지 못하는 사람이 있다는 사실도 알게 되었다.] DNA를 통해 질병을 일으키는 부분을 찾아내 병을 예방하고 치료할 수도 있다고 한다. [나는 DNA를 연구하는 과학자가 되어 DNA에 어떤 정보들이 숨어 있는지 더 알아보고 싶은 생각이 들었다.]

▶ 과학자가 되어 DNA에 관해 더 알아보고 싶다.

❶ 부모님 ❷ 유전 ❸ 발견

116~117쪽

1 (1) ○ **2** (1) ② (2) ① (3) ③ **3** ① **4** (2) ○ **5** (3) ○ **6** ③
7 **예시 답안** 참고

중심 글감 파악하기

1 글쓴이가 읽은 책의 제목은 『유전의 비밀』이다.

세부 내용 파악하기

2 유전이 특별한 법칙에 따라 이루어진다는 사실을 발견한 인물은 완두콩을 연구한 멘델이다. 유전을 일으키는 물질이 염색체 안에 있음을 발견한 인물은 초파리를 연구한 모건이다. DNA가 꽈배기처럼 꼬인 사다리 모양임을 알아낸 인물은 왓슨과 크릭, 윌킨스이다.

책의 줄거리 파악하기

3 아기를 만드는 생식 세포에는 23개의 염색체가 있으며, 남녀의 생식 세포가 만나 46개의 염색체를 가진 세포가 만들어진다.

글쓴이의 생각과 느낌 파악하기

4 글쓴이는 책을 읽은 후 여러 학자들의 연구가 쌓여 과학이 발달한다는 사실을 깨달았다고 하였다.

(1) 책을 읽게 된 동기에 해당한다.
(3) 책을 읽고 새롭게 알게 된 내용이다.

글쓴이의 생각 추론하기

5 멘델이 15년 동안 완두콩을 실험하여 얻은 결과는 당시에 주목받지 못했으며, 그가 세상을 떠나고 20년 가까이 지난 후에야 가치를 인정받았다. 이 사례를 통해 글쓴이는 과학의 발견이 그 가치를 인정받기까지 오랜 시간이 걸릴 수 있다는 점을 생각할 수 있다.

적절하게 반응하기

6 유전자의 구조는 꽈배기처럼 꼬인 긴 사다리 모양임이 밝혀졌다. 오늘날 과학자들은 유전자에 어떤 정보가 담겨 있는지 계속 연구하고 있다.

① DNA에 관한 연구가 질병의 예방과 치료에 중요한 역할을 하고 있다고 볼 수 있다.
② DNA 한 가닥에 동화책 5만 권 분량의 정보가 담겨 있으므로, 긴 사다리 모양인 DNA는 우리 몸에 관한 많은 내용이 보관된 커다란 도서관이라고 할 수 있다.

7 **예시 답안** 과학의 발전을 위해 필요한 일이었다고 생각한다. 왜냐하면 프랭클린은 어렵게 DNA 사진을 찍었으면서도 그 사진이 DNA 구조의 실마리를 밝히는 중요한 정보임을 알지 못했기 때문이다. 그 사진의 가치를 아는 사람에게 보여 준 것은 이해할 수 있는 행동이다.

	자신의 생각과 그렇게 생각한 이유를 설득력 있게 썼습니다.
	자신의 생각을 썼으나 그렇게 생각한 이유를 설득력 있게 쓰지 못했습니다.
	자신의 생각과 그렇게 생각한 이유를 둘 다 설득력 있게 쓰지 못했습니다.

18 온라인 대화의 특징

온라인 대화의 뜻에 ○
온라인 대화의 특징에 〰
온라인 대화를 할 때 주의해야 할 점에 [ ]

✦ 새로 알게 된 낱말이나 어려운 낱말을 써 보세요.

3회독 ✦ 내가 표시한 내용과 예시 답을 비교하며 읽어 보세요.

온라인 대화의 특징

여행을 가서 멋진 경치를 보고 가족이나 친구에게 그 풍경을 보여 주고 싶을 때는 어떻게 하나요? 사진이나 동영상으로 풍경을 찍어 스마트폰으로 보내면 되지요? 이처럼 (스마트폰, 태블릿, 컴퓨터 같은 전자 기기를 통해 이루어지는 소통)(온라인 대화의 뜻)을 온라인 대화라고 합니다. 우리가 생활 속에서 익숙하게 사용하고 있는 온라인 대화는 어떤 특징이 있는지 알아볼까요?

▶ 스마트폰, 태블릿, 컴퓨터 같은 전자 기기로 주고받는 소통을 온라인 대화라고 합니다.

인터넷에 연결된 스마트폰이나 컴퓨터가 있다면 언제 어디서든 다양한 사람들과 온라인 대화를 할 수 있습니다.(온라인 대화의 특징) 한 번도 만난 적 없는 사람과도 대화할 수 있고, 서로 다른 언어를 사용하는 사람과도 자동 번역 기능을 이용해 소통할 수 있습니다. 전 세계의 누구와도 쉽게 대화를 나눌 수 있지요.

▶ 인터넷에 연결된 스마트폰이나 컴퓨터가 있다면 언제 어디서든 다양한 사람들과 온라인 대화를 할 수 있습니다.

온라인 대화는 주로 문자 언어로 이루어지지만 그림말도 자주 활용합니다. 또한 사진이나 동영상 등 다양한 형식의 메시지를 편리하게 보낼 수 있지요. 그림말을 이용해 문자 메시지로 전하기 어려운 감정을 생생하게 표현할 수 있고, 동영상을 찍어서 문자로 다 표현하기 어려운 내용을 전달할 수 있습니다. 친구에게 받은 유익한 동영상을 다른 사람에게 보내서 함께 즐기는 것도 가능합니다. 뉴스 기사의 링크를 보내 내가 본 뉴스 기사를 다른 사람과 쉽게 공유할 수도 있습니다.

▶ 온라인 대화는 주로 문자를 사용하지만, 그림말, 사진, 동영상 등 다양한 형식의 메시지를 보낼 수 있습니다.

온라인 대화 상황에서는 여러 사람과 동시에 소통할 수 있습니다. 가족, 친구들, 일을 함께하는 사람들이 모여 있는 온라인 대화방에 각각 참여할 수 있습니다. 단체 대화방에서는 모두에게 전달해야 할 사항을 한 번에 전달할 수 있습니다. 무언가 결정해야 할 일이 있을 때, 단체 대화방을 만들어 의논한다면 훨씬 수월하게 의견을 나누고 정보를 공유할 수 있습니다.

▶ 온라인 대화를 통해 여러 사람과 동시에 소통할 수 있습니다.

온라인 대화에서는 내가 누구인지 밝히지 않은 채 말할 수 있습니다. 이렇게 어떤 말이나 행동을 한 사람이 누구인지 드러나지 않는 특성을 '익명성'이라고 합니다. 익명성은 좀 더 자유로운 의사 표현을 가능하게 해 줍니다. 또 자기의 고민이나 생각, 우리 사회의 문제점 등을 적극적으로 밝힐 수 있도록 해 줍니다.

▶ 온라인 대화에서는 내가 누구인지 밝히지 않은 채 말할 수 있습니다.

이처럼 온라인 대화는 많은 장점이 있습니다. 시간과 장소에 제한받지 않고 다양한 사람들과 소통할 수 있고, 여러 형식의 소통 방식을 활용할 수 있으며, 익명성을 통해 자유로운 의사 표현을 할 수 있습니다. 온라인 대화 덕분에 쉽고 편한 소통이 가능해졌습니다. [하지만 내가 누구인지 드러나지 않는다고 다른 사람을 비난하거나 부정확한 정보를 전달하는 등의 책임감 없는 행동을 하기 쉬우므로 주의해야 합니다. 또한 얼굴이 보이지 않는다고 함부로 말해서는 안 되며 바른 말을 사용해야 합니다.](온라인 대화를 할 때 주의해야 할 점) 일상생활에서와 같이 온라인 대화를 할 때도 예절을 지키며 대화해야 즐거운 대화를 나눌 수 있습니다.

▶ 온라인 대화를 할 때에도 일상생활에서와 같이 예절을 지켜야 합니다.

❶ 온라인 ❷ 형식 ❸ 동시

122~123쪽

1 온라인 대화 **2** ① **3** (1) ② (2) ① (3) ③ **4** 수정 **5** (2) ○
6 ③ **7** 예시 답안 참고

중심 글감 파악하기

1 이 글은 처음 부분에서 '온라인 대화'의 뜻을 밝히고, '온라인 대화는 어떤 특징이 있는지 알아볼까요?'라며 이후 그 특징을 자세하게 설명할 것을 안내하고 있다.

세부 내용 파악하기

2 온라인 대화에서는 내가 누구인지 밝히지 않은 채 말할 수 있다. 이러한 특징을 '익명성'이라고 한다.

온라인 대화의 특징 이해하기

3 (1)은 잘 알지 못하는 외국 사람이 댓글을 단 상황으로, 온라인 대화에서는 모르는 사람과도 소통할 수 있다는 특징을 보여 준다. (2)는 대화명을 사용하여 말하는 이를 알기 어려운 상황으로, 말하는 사람이 누구인지 드러나지 않는다는 특징과 관련 있다. (3)은 그림말로 고마움을 표현한 상황으로, 다양한 형식의 메시지를 사용하는 특징과 관련 있다.

온라인 대화의 특징 추론하기

4 자신이 누구인지 밝힌 상태에서 말을 할 때는 다른 사람들의 반응이나 생각이 신경 쓰일 수 있다. 그에 비해 자신이 누구인지 드러내지 않고 말을 할 때는 다른 사람을 덜 신경 쓰게 되어 더 솔직하고 편하게 의견을 말할 수 있다.

구체적 사례에 적용하기

5 그림말을 적절히 사용하면 문자로 전하기 어려운 감정을 생생하게 표현할 수 있다. 그러나 그림에 나타난 것과 같이 그림말을 너무 많이 쓰면, 무슨 내용을 말하려고 하는지 이해하기 어렵다.

적절하게 반응하기

6 사진을 메시지로 보내 주었다는 말에서 다양한 형식의 메시지를 보낼 수 있다는 온라인 대화의 특징을 알 수 있다. 그러나 다른 사람의 얼굴이 나온 사진을 함부로 보내면 초상권을 침해할 수 있으므로 주의해야 한다. 다른 사람이 만든 자료를 보낼 때는 저작권을 침해하지 않도록 사전에 자료를 만든 사람에게 허락을 구해야 한다.

7 **예시 답안** 친구들에게 할 말이 떠오르면 밤늦은 시간에도 메시지를 보냈다. 아무 때나 메시지를 보내면 쉬거나 자고 있는 친구들에게 방해가 될 수 있으므로, 앞으로는 너무 이른 시간이나 늦은 시간은 피해서 메시지를 보내야겠다.

(웃는 얼굴)	자신의 온라인 대화 태도를 돌아보고 고쳐야 할 점을 적절히 썼습니다.
(보통 얼굴)	자신의 온라인 대화 태도를 돌아보았으나 고쳐야 할 점을 적절히 쓰지 못했습니다.
(찡그린 얼굴)	자신의 온라인 대화 태도를 돌아보지 못하여 고쳐야 할 점을 쓰지 못했습니다.

19 질문하며 이야기 읽기

엄마가 걱정하는 것에 ○

돌돌이가 좋아하는 것에 〰

돌돌이가 '잠시만'을 외친 까닭에 [ ]

✦ 새로 알게 된 낱말이나 어려운 낱말을 써 보세요.

3회독 ✦ 내가 표시한 내용과 예시 답을 비교하며 읽어 보세요.

돌돌한 아이

"엄마, 걱정 마세요. 난 돌이라서 굳세고, 단단하고, 오래 견디니까!"

하지만 엄마 눈에는 돌돌이가 참 걱정스러웠어. (돌돌이가 돌머리라고 놀림 받을까 봐. 그 이전에 머리가 돌이어서 정말로 머리가 나쁠까 봐)(엄마가 걱정하는 것) 말이야. 하루빨리 공부를 가르쳐서 돌돌이가 똑똑하다는 걸 확인하고 싶었어. 하지만 돌돌이는 공부 말고도 좋아하는 게 많았어. 친구들과 노는 것, 몽돌 해변에 가서 자갈밭을 굴러다니는 것, 햇볕 쨍쨍한 곳에 가만 앉아 차가워진 몸을 따뜻하게 데우는 것 등등(돌돌이가 좋아하는 것). 엄마가 보기엔 돌돌이가 아무 생각 없이 놀거나 멍하게 있는 것만 같았지.

▶ 엄마는 아무 생각 없이 놀거나 멍하게 있는 것처럼 보이는 돌돌이를 걱정했어.

엄마는 돌돌이가 공부를 좋아하든 말든 서둘러 글을 가르치기로 했어. 그래서 돌돌이만 보면 조급하게 말했지.

"돌돌아, 엄마가 먼저 읽을 테니까 따라 읽어."

"돌돌아, 엄마가 먼저 써 볼 테니까 따라 써 봐."

그런 엄마의 말을 듣고 나면 돌돌이 또한 마음이 급해졌어. 엄마가 가르쳐 주려는 것 말고도 다른 궁금한 것들이 마구마구 떠올라서 말이야. 그래서 늘 다급하게 물었지.

"엄마, 잠시만. 이건 뭐예요?"

"엄마, 잠시만요. 저건 뭐예요?"

[돌돌이는 궁금한 게 너무너무 많았어. 얼굴에 따끔따끔 내리꽂히는 햇살이 어디서 오는지, 손가락 사이사이로 빠져나가는 바람이 어디로 가는지, 그리고 무엇보다……. 그 햇살과 바람을 느끼는 자기가 누구인지…….](돌돌이가 '잠시만'을 외친 까닭)

그래서 돌돌이는 항상 엄마에게 '잠시만'을 외쳤어. 하지만 그 '잠시'가 얼마나 긴지 학교에 들어간 뒤에도 엄마가 불러 주는 글은 하나도 읽거나 쓰지 않았지. 일부러 그런 게 아니라 다른 것들을 알아내느라 너무 바빴을 뿐이었어. 그런데 엄마는 돌돌이의 사정을 알지 못하고 드디어 폭발해 버렸어.

▶ 서둘러 글을 가르치는 엄마에게 돌돌이는 '잠시만'을 외치며 자신이 궁금한 것들을 물어보았어.

"왜 이렇게 엄마 말을 안 들어! 그러다 사람들이 너한테 다 돌머리라고 하면 어쩌려고 그래? 아니면 너, 정말 돌머리야?"

돌돌이는 눈을 동그랗게 떴어. 엄마의 말이 너무 뾰족해서 가슴을 깊숙이 찌르는 것 같았거든. 돌로 된 가슴도 아플 수 있다는 걸 처음 알았지. 하지만 돌돌이가 누구야. 돌처럼 굳세고 단단한 아이라고. 돌돌이는 엄마에게 먼저 다가갔어. 스스로 뱉은 말이 믿기지 않아 눈을 질끈 감아 버린 엄마에게 말이야.

"엄마, 이것 봐요."

엄마는 돌돌이의 말에 비로소 눈을 떴어. 돌돌이는 공책을 하나 내밀었지. 거기에는 이런 것들이 쓰여 있었어.

돌 머리, 돌 가슴, 돌 다리, 돌 눈, 돌 코, 돌 입, 돌 귀, 돌 어깨, 돌 팔, 돌 손, 돌 배, 돌 허리, 돌 무릎, 돌 발, 돌 솜털, 돌 지문, 돌 점, 돌 오금, 돌 삭신…….

▶ 뾰족한 말을 내뱉고 후회하는 엄마에게 돌돌이는 자신이 알게 된 내용을 쓴 공책을 내밀었어.

❶ 놀림 ❷ 글 ❸ 공책

128~129쪽

1 ⑤ **2** ④ **3** (1) ② (2) ① **4** (2) ○ **5** (2) ○ **6** 도아
7 **예시 답안** 참고

꼼꼼한 이해

인물의 성격 파악하기

1 돌돌이가 공부를 못해서 놀림을 받았다는 내용은 제시된 이야기에 나와 있지 않다.

유의어 찾기

2 ㉠ '조급하게'는 '참을성 없이 몹시 급하게'의 뜻이다. 이와 바꾸어 쓸 수 있는 말은 '일이 바싹 닥쳐서 매우 급하게'의 뜻을 나타내는 '다급하게'이다.

② 어색하게: 잘 모르거나 아니면 별로 만나고 싶지 않았던 사람과 마주 대하여 자연스럽지 못하게.

질문에 알맞은 답 찾기

3 (1) 엄마는 돌돌이의 머리가 돌이어서 머리가 나쁠까 봐, 놀림을 받을까 봐 공부를 강요한 것이다.

(2) 돌돌이는 궁금한 게 너무 많아 다른 것을 알아내느라 바빠서 엄마의 말에 항상 '잠시만'을 외쳤다.

대답에 알맞은 질문 추론하기

4 **보기**는 돌돌이에게 공부를 강요하는 엄마의 행동이 바람직하지 않다고 비판하고 있다. 이와 관련된 질문은 돌돌이 엄마의 양육 방식에 대한 옳고 그름을 묻는 (2)이다.

생각과 판단

인물의 마음 추론하기

5 스스로 뱉은 말이 믿기지 않아서 눈을 질끈 감은 것이므로 돌돌이에게 한 말을 후회하고 있음을 짐작할 수 있다.

글의 내용 추측하기

6 엄마는 글을 먼저 읽거나 쓴 다음 돌돌이에게 따라 하라고 하였다. 돌돌이는 엄마가 불러 주는 글은 하나도 읽거나 쓰지 않았지만, 돌돌이가 내민 공책을 보면 이미 글을 쓸 수 있었음을 짐작할 수 있다.

• 태오: 돌돌이는 엄마의 말대로 따라 읽거나 따라 쓰기보다 자신이 궁금한 것들을 알아내며 스스로 공부하고 있었다. 따라서 '돌'이라는 말로 엄마에게 공부하기 싫다는 자신의 생각을 전달했다는 태오의 말은 알맞지 않다.

7 **예시 답안** 엄마는 내가 책을 읽지 않는다고 걱정하시며 잔소리를 하셨다. 그때 나는 엄마가 나에 대해 잘 모르시는 것 같아서 속상했다. 나는 독서 기록장을 엄마께 보여 드리며 학교에서 책을 많이 읽고 있다고 말씀드렸다.

(웃는 얼굴)	부모님이 나를 걱정하셨던 상황을 떠올려 그때 든 생각이나 느낌을 썼습니다.
(보통 얼굴)	부모님이 나를 걱정하셨던 상황을 떠올렸으나 그때 든 생각이나 느낌을 쓰지 못했습니다.
(찡그린 얼굴)	부모님이 나를 걱정하셨던 상황을 떠올리지 못했습니다.

20 체험 학습 보고서의 특징

- 글쓴이가 체험을 위해 다녀온 장소에 ○
- 체험 목적에 〰
- 체험 후 생각하거나 느낀 점에 [ ]

✦ 새로 알게 된 낱말이나 어려운 낱말을 써 보세요.

3회독 ✦ 내가 표시한 내용과 예시 답을 비교하며 읽어 보세요.

국립 항공 박물관에 다녀와서

지난 주말, 부모님과 함께 김포에 있는 ('국립 항공 박물관')(글쓴이가 체험 학습을 다녀온 장소)에 다녀왔다. 비행기를 좋아해서 조종사가 되고 싶은 나는 우리나라의 항공 역사가 궁금했다.(체험 목적) 비행기를 가까이에서 볼 생각에 마음이 설레고, 블랙이글스에 탑승해 보는 체험도 무척 기대되었다.

▶ 지난 주말 부모님과 함께 국립 항공 박물관에 다녀왔다.

도착해서 가장 먼저 간 곳은 '항공 역사관'이었다. 우리나라의 항공 역사뿐 아니라 세계의 항공 역사를 알 수 있는 전시물들이 있었다. 조선 시대의 '비거'와 1903년 비행에 처음 성공한 라이트 형제의 '플라이어호'에 대한 기록을 보며, [오늘날 우리가 비행기를 탈 수 있는 것은 과거 사람들의 피나는 노력 덕분이라는 생각이 들었다.](체험 후 생각하거나 느낀 점) 특히 [임진왜란 때 정평구가 발명한 '비거'는 단순히 날기 위한 꿈을 실현하기 위해 만든 것이 아니라, 전쟁에 도움을 주려고 만들었다는 사실이 놀라웠다.] 그 밖에 [일제 강점기에 서울 하늘을 날며 나라 잃은 백성들에게 자부심을 심어 준 안창남의 비행기 '금강호'를 보며 마음이 뭉클했다.]

▶ '항공 역사관'에서 우리나라와 세계의 항공 역사를 알 수 있는 전시물들을 보았다.

2층에 올라가니 거대한 스크린 속 비행기들이 날 맞이했다. 스크린에서 비행기가 나는 데 필요한 것들을 터치하니, 전시실 전체가 하늘로 변하고 곧 비행기가 스크린 속 하늘을 날아올랐다. [마치 내가 비행기를 타고 하늘을 날고 있는 기분이 들었다.] '실감 영상관' 옆에는 '항공 산업 전시실'이 있었다. 이 전시실에는 우리나라 항공 산업의 분야와 성과를 보여 주는 자료와 미래의 항공 산업이 어떻게 발전할 것인지 전망하는 자료가 전시되어 있었다. 이 전시실을 둘러보며 항공 산업 분야가 넓고 관련된 직업도 다양하다는 사실을 알게 되었다.

▶ '실감 영상관'에서 스크린 영상을 체험한 후 '항공 산업 전시실'에서 항공 산업 분야와 관련된 자료들을 보았다.

드디어 블랙이글스 탑승 체험을 하러 갈 시간이 되었다. 블랙이글스는 대한민국 공군 특수 비행 팀을 가리킨다. 체험관에 계신 선생님께서 블랙이글스가 대한민국 공군과 전투기의 우수성을 알리는 일을 한다고 알려 주셨다. 블랙이글스의 조종사 선발 조건은 총 비행 시간이 800시간 이상이어야 하고 공군 최고 수준의 비행 실력을 갖춰야 하는 등 매우 까다롭다고 하셨다. 선생님의 설명을 들으니 블랙이글스 탑승 체험이 더 기대되었다. 360도 회전하는 기구에서 VR을 쓰고 블랙이글스 부조종석에 타는 체험을 했다. [다양한 모양을 그리며 하늘을 나는 체험이 무척 재미있었다. 실제로 하늘에서 곡예비행을 하는 조종사들이 대단하게 느껴졌다.]

▶ 블랙이글스 탑승 체험을 한 후 곡예비행을 하는 조종사들이 대단하게 느껴졌다.

블랙이글스 탑승 체험을 마친 후 김포 공항을 한눈에 볼 수 있는 전망대에 올랐다. 김포 공항에 비행기들이 이착륙하는 모습을 보며, [내가 조종사가 되어 하늘을 날고 있는 상상을 해 보았다. 국립 항공 박물관에서의 체험이 나를 조종사의 꿈에 한걸음 가깝게 갈 수 있게 해 준 것 같아 뿌듯했다.]

▶ 전망대에 올라 조종사가 되어 하늘을 날고 있는 상상을 해 보았다.

구조 읽기

① 국립 항공 박물관 ② 블랙이글스 ③ 전망대

134~135쪽

1 (1) ○ **2** ③ **3** (1) ③ (2) ② (3) ① **4** (1) ○ **5** ④ **6** ③
7 예시 답안 참고

글의 목적 파악하기

1 이 글은 체험 과정과 결과를 쓴 체험 학습 보고서이다. 글쓴이는 우리나라의 항공 역사를 알기 위해 국립 항공 박물관에 방문했으며, 그곳에서 체험한 내용과 체험한 후 생각하거나 느낀 점, 알게 된 점 등을 썼다.

세부 내용 파악하기

2 글쓴이는 블랙이글스 탑승 체험을 한 것이지, 실제로 블랙이글스 팀이 곡예비행하는 모습을 본 것이 아니다.

체험한 내용 파악하기

3 글쓴이는 '항공 역사관'에서 라이트 형제의 '플라이어호'에 대한 기록을 보았고, '항공 산업 전시실'에서는 미래의 항공 산업이 어떻게 발전할 것인지 전망하는 자료를 보았다. 그 후 블랙이글스 부조종석에 타는 블랙이글스 탑승 체험을 했다.

체험 후 알게 된 점 파악하기

4 정평구는 임진왜란 때 전쟁에 도움을 주기 위해 '비거'를 발명하였다.

적절한 자료 판단하기

5 VR의 원리와 사용 방법을 알려 주는 안내문은 이 글의 내용과 직접적인 관련이 없다.

자료를 바탕으로 추론하기

6 제시된 글에는 안창남이 일본의 비행 학교를 우수한 성적으로 졸업하고 1922년 고국의 하늘을 최초로 비행하였다는 내용이 나와 있다. 이를 통해 당시 일본의 비행 교육 수준이 어느 정도였는지, 세계 어느 나라와 비교해도 뒤처지지 않는 높은 수준이었는지를 짐작하기란 어렵다.

①, ② 비행사로서 뛰어난 능력을 보인 안창남은 국민들의 자랑이었을 것이다. 그런 안창남의 비행이 일제의 억압을 받던 우리 민족에게 희망과 용기를 주었을 것이다.

7 예시 답안

다녀온 장소	전쟁기념관
체험 목적	우리나라 전쟁의 역사와 관련된 전시물을 직접 보고 싶어서 전쟁기념관에 갔다.
체험 내용	전쟁 역사실에서 선사 시대부터 일제 강점기까지 어떤 전쟁들이 벌어졌으며 어떤 과정으로 전쟁이 이어졌는지 알 수 있는 자료를 보았다.
체험 후에 든 생각이나 느낌	수많은 사람들의 희생 덕분에 지금의 우리나라가 있다는 생각을 하게 되었다.

(웃는 얼굴)	모든 항목에 맞게 내용을 썼습니다.
(보통 얼굴)	2~3개의 항목에 맞게 내용을 썼습니다.
(찡그린 얼굴)	1개 이하의 항목에 맞게 내용을 썼습니다.

메모

www.neungyule.com

4단계 A	5단계 A	6단계 A
시의 분위기	시의 주제	운율의 효과
다의어의 뜻과 쓰임	설명하는 글을 읽는 방법	글의 설명 방법–정의와 예시
설명하는 글의 목적	표준어와 방언	문장 성분
성찰하는 글의 특징	이야기의 주제	이야기의 표현 방법
주장하는 글의 목적	주장하는 글을 읽는 방법	면담의 특징
인물의 역할	시의 소재	시의 비유적 표현
가리키는 말	설명 방법–분류	글 속의 자료
글을 읽으며 질문하기	글에 나타난 시간 표현	글 안에 쓰이는 속담
기사문의 특징	인물의 마음 변화	주장하는 글의 특징
주장하는 글의 짜임	주제에 대한 찬반 의견	문제 해결을 이끄는 토의
시적 상황	시에 나타난 경험	시에 반영된사회·문화적 상황
낱말들의 관계 – 상위어와 하위어	설명 방법–나열	매체에 담긴 관점
글을 읽은 후에 질문하기	언어의 역사성과 창조성	줄임말과 새말
회의의 특징	인물의 성격과 사건 전개	이야기의 서술자
이야기의 배경	수필의 특징	토론의 절차
설명하는 글의 짜임	배경의 역할	설화의 특성
독서 감상문에 들어가는 내용	설명 방법–과정	사회·문화 분야의 글
온라인 대화의 특징	뉴스 보도의 짜임	연설의 설득 전략
질문하며 이야기 읽기	근거의 적절성	시사성을 가진 주장하는 글
체험 학습 보고서의 특징	기행문의 요소	희곡에 나타난 복선

4단계 B	5단계 B	6단계 B
시의 감상	시의 감동적인 부분	시의 함축과 상징
낱말들의 관계 – 유의어와 반의어	어휘의 적절성	글의 설명 방법–분류와 분석
문단의 중심 내용	문장 호응	합성어와 파생어
인터뷰의 특징	이야기의 인상적인 부분	이야기에 반영된 사회·문화적 상황
주장과 근거	근거 자료의 타당성	광고 읽는 방법
이야기의 감상	시의 어조	시의 심상
이어 주는 말	비교와 대조 짜임으로 요약하기	설명하는 글의 객관성과 사실성
글의 짜임 – 시간의 흐름	뉴스의 타당성	관용 표현의 특징
기행문의 특징	이어질 내용 예측하기	근거 자료의 적절성
시에서 말하는 이	서평	기행문을 읽는 방법
글의 짜임 – 원인과 결과	시의 시상 전개	고전 소설의 특징
발표문의 특징	열거 짜임으로 요약하기	뉴스가 생활에 미치는 영향
제안하는 글의 특징	토론이 필요한 경우	언어폭력과 언어문화
서술자의 위치	작품 속 인물의 갈등	이야기의 구조
토의의 특징	문제 상황과 문제 해결	과학·기술 분야의 글
단일어와 복합어	풍자와 해학	시조의 특징
글의 짜임 – 문제와 해결	과정 짜임으로 요약하기	인문·예술 분야의 글
전기문의 특징	토론 유형	정서 표현의 글, 수필
이야기의 흐름	글에 드러나지 않은 내용 추론	글쓴이의 의도나 관점 추론
답사 보고서의 특징	희곡의 요소	시나리오의 특징

달곰한 문해력 기본서 

편 낸 날 2024년 11월 15일(초판 1쇄)
펴 낸 이 주민홍
펴 낸 곳 (주)NE능률

지 은 이 NE능률 문해력연구회
개발책임 장명준
개 발 김경민, 유자연, 이은영, 이해준
디자인책임 오영숙
디 자 인 조가영, 한새미
제작책임 한성일

등록번호 제1-68호
I S B N 979-11-253-4887-0

대표전화 02 2014 7114
홈페이지 www.neungyule.com
주 소 서울시 마포구 월드컵북로 396(상암동) 누리꿈스퀘어 비즈니스타워 10층